I0794876

En su nuevo libro, Luis Alberto Ambroggio ha traducido magníficamente el "barbaric yawp" de Whitman en su propia expresión contemporánea, y el resultado es esta divertida travesía a través del mundo de su imaginación y la nuestra. En "estos versos desordenados, no comisionados y sin dirección" llama lo mejor de nosotros al presente y nos recuerda todo lo que tenemos en común. En cada página, *Todos somos Whitman* ofrece "una muestra de todo el instante". Y ciertamente es una buena muestra.

—Christopher Merrill, autor de *Boat*

Es dueño de un inimitable ritmo, un buen sentido de humor poco común y una ardiente intensidad —porque hay fuego en el azul de Ambroggio, un erotismo terrenal en su registro lírico.

—Oscar Hijuelos, ganador del premio Pulitzer

Para mí, la calidad esencial de la poesía de Luis Alberto Ambroggio es la inmediatez; la vitalidad de las imágenes sin mediación, aunque sabemos que, profundamente, son productos del arte. He aquí una mente filosófica que siempre insiste en la prioridad insondable del encuentro, de lo empírico.

—Robert Pinsky, Poeta Laureado de EEUU

. . . Es un placer ver este fascinante libro completo con la brillante traducción de Brett y con notas de escritores que describen la poesía de Ambroggio con tanta precisión.

—Rosa Tezanos-Pinto, editor de *El jardín de los vientos: Obra poética de Luis Alberto Ambrioggio 1974-2014*

In his new book, Luis Alberto Ambroggio has magnificently translated Whitman's "barbaric yawp" into his own contemporary idiom, and the result is a rollicking journey through the worlds of his, and our, imagination. In "these disorderly, uncommissioned, missionless verses" he summons our best selves to the present, reminding us of all that we hold in common. *We Are All Whitman* offers on every page "the taste of the whole instant." And it is very good indeed.

—Christopher Merrill, author of *Boat*

It owns an inimitable cadence, uncommon good sense and a smoldering depth—for there is fire in Ambroggio's blueness, an earthy eroticism in his lyric register.

—Oscar Hijuelos, Pulitzer Prize Winner

For me the essential quality of Luis Alberto Ambroggio's poetry is immediacy: the vividness of images that feel unmediated, though we know they are, profoundly, the products of art. Here is a philosophical mind that insists always on the unfathomable primacy of encounter, the empirical.

—Robert Pinsky, U.S. Poet Laureate

. . . It has given me great pleasure to see this fascinating book in complete form, with Brett's brilliant translation and with notes by writers who describe Ambroggio's poetry with such precision.

—Rosa Tezanos-Pinto, editor of *El jardín de los vientos: Obra Poética de Luis Alberto Ambroggio 1974-2014*

Todos somos Whitman
We Are All Whitman

Por Luis Alberto Ambroggio

Traducido por Brett Alan Sanders

Arte Público Press
Houston, Texas

Todos somos Whitman / We Are All Whitman is made possible through a grant from the City of Houston through the Houston Arts Alliance. We are grateful for their support.

Recovering the past, creating the future

Arte Público Press
University of Houston
4902 Gulf Fwy, Bldg 19, Rm 100
Houston, Texas 77204-2004

Cover design by John-Michael Perkins

Names: Ambroggio, Luis Alberto, 1945- author. | Sanders, Brett Alan, translator. | Ambroggio, Luis Alberto, 1945- Poems. Selections. English | Ambroggio, Luis Alberto, 1945- Poems. Selections.
Title: Todos somos Whitman / por Luis Alberto Ambroggio ; traducido por Brett Alan Sanders = We Are All Whitman / by Alberto Ambroggio ; translated by Brett Alan Sanders.
Other titles: We are all Whitman
Description: Houston, TX : Arte Publico Press, 2016.
Identifiers: LCCN 2015050005 (print) | LCCN 2016010001 (ebook) | ISBN 9781558858251 (trade pbk.) | ISBN 9781518500473 (ePub) | ISBN 9781518500480 (Kindle) | ISBN 9781518500497 (pdf)
Subjects: LCSH: Whitman, Walt, 1819-1892—Poetry.
Classification: LCC PQ7798.1.M36 A2 2016 (print) | LCC PQ7798.1.M36 (ebook) | DDC 861/.64—dc23
LC record available at http://lccn.loc.gov/2015050005

CIP

♾ The paper used in this publication meets the requirements of the American National Standard for Information Sciences—Permanence of Paper for Printed Library Materials, ANSI Z39.48-1984.

16 17 18 19 20 21 10 9 8 7 6 5 4 3 2 1

Índice / Table of Contents

Todos somos Whitman

We Are All Whitman

Prólogo

Él mismo, Whitman, me prestó este atrevimiento. Nace de su insistencia. Y no usurpo nada ni nadie. Me uno a Pedro Mir cuando poetizaba:

> ¡No, Walt Whitman, aquí están los poetas de hoy,
> los obreros de hoy, los pioneros de hoy, los
> campesinos de hoy,
> firmes y levantados para justificarte!

Pero quiero ir más allá desde la profundidad ontológica. En la polvorienta inmortalidad de la vida a la que cantaba el hijo de Manhattan en su épica del lirismo abiertamente incauto, ese hoy es eterno y nos pertenece a mí y a todos en mí. Al hacerlo me tomo de Darío y su admiración por tu democracia y humanismo, de la reverente afinidad y sentida sinceridad de José Martí, la equivocada imitación de José Santos Chocano, la protesta vehemente y "rota" de Pablo de Rokha, la des-invitación de Langston Hughes. Estás en todos y en mí: yo te abrazo entusiasmado como el profeta soberbio de la liberación natural y humana, maestro de emanaciones, vagabundo semidivino e indestructible, a pesar de tus propias demandas. Me traduzco y te traduzco, me encarno y te encarno, te canto y me canto con Borges, Federico García Lorca, León Felipe, el uruguayo Álvaro Vasseur, Concha Zardoya, Pablo Mañé, José Valverde, Francisco Alexander. Con la deuda de Neruda siento en tu poesía "impura" al igualitario, con Borges al místico, con Paz al democrático liberal contradictorio, con Mauricio González Garza arrecho con su Manifiesto de Destino al "racista, imperialista, antimexicano", con Darío al "gran viejo, bello como un patriarca, sereno y santo". En fin, con mi amigo Fernando Alegría y su compatriota Gabriela Mistral me entregó al genio polifacético que en tu Canto nos conjuras.

Todos somos Whitman.

Repito, como tú, la placentera y atrevida promiscuidad del yo en todos y todos en el yo. También mi yo que milita con humilde orgullo en la presencia y poesía hispana en y de los Estados Unidos. Porque Whitman, a pesar de su juvenil e incongruente apoyo a la Guerra Mejicana, me poseyó y lanzó al hablar del "elemento hispano de nuestra nacionalidad" y al afirmar sin reservas: "El carácter hispano le va a proveer algunas de las partes más necesarias a esa compleja identidad americana. Ningún origen muestra una mirada retrospectiva más grandiosa —más grandiosa en términos de religiosidad y lealtad, o de patriotismo, valentía, decoro, gravedad y honor . . .Con respecto al origen hispano de nuestro suroeste, es cierto que no hemos ni siquiera comenzado a apreciar el esplendor y el valor excelente de este elemento étnico. ¿Quién sabe si ese elemento, como el curso de un río subterráneo que gotea invisiblemente por cien o doscientos años, emerge ahora con un fluir más extenso y una acción permanente"?[1] De tal elemento surge este experimento en español, de Whitman, de sus *Hojas de hierba* y su *Canto a sí mismo* (de mí mismo o a mí mismo).

Todos somos Whitman.

Porque estos textos (una mínima de mil espigas) nacen no solo de su texto y las lecturas múltiples mías y de muchos sino también de la multiplicidad intrínseca del canto y de los 104 ensayos sobre las 52 secciones del "Canto de mí mismo" que me encargó la Universidad de Iowa que tradujera y que me inspiró fehacientemente esta nueva reencarnación creativa, acaso equívoca, aunque feliz y sin ningún intento de infidelidad, más bien al contrario. Aflora de la primicia whitmaniana de que no hay periferia: los textos nunca

[1]Whitman, Walt. *Prose Works.* Philadelphia: David McKay, 1892; Bartleby.com, 2000. www.bartleby.com/229/

se cierran, se reescriben, se recrean y todos configuramos el centro y el original. Parafraseando al genio de las *Ficciones*, aquí la literatura copia a la historia y la historia copia a la literatura con la elegante desfachatez de Pierre Menard, que se jacta como un quijote del hecho, porque:

Todos somos Whitman.

Él y Borges me perdonan la irreverencia. Más aún la justifican al poetizar Borges que Whitman tomó la " . . . infinita/ resolución de ser todos los hombres/ y de escribir un libro que sea todos".

En contraste con esta actitud expansiva aparecen aquellos que, al contrario de Whitman, para enaltecerse o creerse alguien, se sienten en la lamentable necesidad de rebajar a los demás, a los que están arriba, o actúan conscientes simplemente de lo que son en manos de la estima de quienes realmente saben de quien hablan o lo conocen de verdad. Eyaculan, bajo pretexto de equilibrio, que uno es nada o nadie. Pero Whitman, el "salvaje amable y desbordante", era mucho más sabio y ya me había proclamado en sus versos, a mí y a todos, que somos uno en todos y todos en uno; de allí el canto y la celebración. ¡Qué podrido y vil es el pecado capital de la envidia! Sabios y buenos son los que lo evitan y tristes los que sucumben a su trampa y a su baja autoestima. Más triste aún es el que hagan de su percepción enferma y del canon enquistado, una cátedra. En más de un sentido somos acertadamente apócrifos. La realidad constituye su castigo irreconciliable. En esta postura me apoyan Robert G. Ingersoll y Ezra Pound, con las imperfecciones que les pertenecen y me pertenecen, al hablar irónicamente de Whitman. El primero, Ingersoll, al señalar que no aceptaba un credo porque estaba arrugado y viejo y tenía una gran barba blanca, pero tenía muy claro que la hipocresía, a pesar de tener un aspecto venerable, confía en apariencias y máscaras —en estupidez— y miedo. Y Pound, quien se describió a sí mismo como "el Walt Whitman que aprendió a vestirse de saco, corbata y con camisa de vestir (aunque era enemigo de ambas cosas)".

Porque Whitman, el universal, genial, imperfecto, es otra cosa, vive de otra manera, respira la tierra, el aire, el horizonte, el océano de todos y cada uno de la misma forma, en sí mismo. Todos somos Whitman. Él, todos y yo:

> Soy del viejo y del joven, del necio tanto como del sabio;
> Indiferente a los demás, siempre atento a los demás;
> Maternal tanto como paternal, tanto niño como hombre;
> Lleno con las cosas ordinarias y lleno con las cosas exquisitas;
> Un ser de la Nación formada de muchas naciones, las pequeñas iguales a las grandes;
> [. . .] Sureño tanto como norteño, soy el despreocupado y hospitalario . . . [2]

Paradójicamente escribo esto a bordo de un avión perteneciente a "One World Alliance" (Alianza de un Mundo): la ilusión caduca de una propaganda. Pero así desparramo estos versos sin orden, sin cometido, sin misión; gotas de sangre, semen, impulsos, estallidos, efectos florecidos del hacer el amor con la imaginación que me seduce con sus promesas excitantes de vida, a mí y a todos en mí. Con todos, sin distinción, en mí, busco, me aventuro, me libero, pregunto, sin exceso, en el cielo y en la tierra, bajo el sol, las estrellas y otros átomos compartidos. Es la magia y caricatura de Whitman en este polvo ambiguo e inclusivo que me ha vuelto a fascinar, la democracia atlética y plural. El misterio de la realidad se impone en los individuos y, a través de ellos, en el presente universal que más allá de los abusos, debe ser fuente de felicidad y me atribuyo el derecho a buscarle cómplices en la tierra salvaje y aparentemente civilizada.

Whitman me ha convencido una vez más de que la escritura es uno de mis cónyuges, aunque no sé si le resultaré tan buen amante. Otros chismosearán, al fin, los desenlaces del amor y de la muerte, los detalles de la tapa. El barbudo profeta, visionario, me ha liberado de los enclaustrados en todo tipo de canon; participo en su convocatoria a una rebelión y escape interminable con su lirismo de raíces, sensual, erótico, valiente y transformante. Me injerto en él, en su mar de enumeraciones inclusivas, con las lilas

---

[2]Sección 16 del *Canto de mí mismo.*

florecidas de Bloom y los Goethe, Blake, Wordsworth, Holdering, Shelley, Keats, y caigo iluso, sin querer huir de su influencia, en Allen Ginsberg, Hart Crane, D.H. Lawrence y su espontaneidad , T.S. Elliot (dejando de lado su impersonalismo), Wallace Stevens, William Carlos William y su narrativa, Ashbery. Me lleva a transcender con Emerson, Carlyle, Rousseau y otros románticos.

Gracias, Cosmos, hijo de Manhattan y de Camden: aquí está mi grito en la multitud, celebrando y respirando, sin cesar, tus propios versos: "¿Y qué es la razón? ¿y qué es el amor? ¿y qué es la vida?"[3]

Al vivir, cantar, sufrir, tratar de encarnar en diálogos, vivencias y palabras, disfrutar en libertad, paz, democracia, celebrar hoy y siempre las respuestas a esas preguntas:

¡Todos somos Whitman!

L.A.A.
Washington D.C., 31 de Diciembre de 2013.

---

[3]Sección 42 del *Canto de mí mismo.*

Agradecimientos

Sin y con credos, escuelas agradezco a la divinidad del universo que respiro. A Walt Whitman por vivirlo y recrearlo. Suyas son las citas en el paño de mis poemas, la mayoría de los epígrafes, esas bellas cursivas con las que he querido sembrar mis versos. A Martí por su entusiasmo contagioso, a Darío por su Oda, a Jorge Luis Borges por hacerlo presente después de Camden y a mis ojos.

Agradezco a la Universidad de Iowa que me sumergió en la traducción de los ensayos sobre el *Canto de mí mismo*. A Ed Folsom, codirector del Archivo de Whitman y sus 52 prólogos y a Christopher Merrill, director del International Writing Program y sus 52 epílogos; A Nataša Ďurovičová, la editora de esta página; a Matt Cohen, con quien digerimos el poema en español y a los anónimos que alimentan la página de Whitman en los caprichos de la red cibernética: estos ensayos, además de los rayos del poema, inspiraron literalmente mis versos. A Jill Stagg, activista de la diplomacia elocuente de la cultura que comparto y que me injertó en este proyecto.

Agradezco a quienes publicaron anteriormente algunos de los poemas (la *RANLE*, Revista de la Academia, *Alba de América*, en fin, son muchos para nombrarlos), a quienes revisaron los textos (a la Dra. Rosa Tezanos-Pinto, y al doctor Carlos Paldao), a mis padres aún vivos, a mi familia, a mis amigos; en fin "a la vida que me ha dado tanto", cantando con Violeta Parra y Mercedes Sosa. A los editores, Jeannette L. Clariond y su equipo, como así también al Dr. Nicolás Kanellos, la Universidad de Houston y Arte Público Press por la edición bilingüe. A Brett Alan Sanders que me reencarnó en el idioma de Whitman. A los lectores y su posible beneplácito o el otro aliento en el sarcófago de la existencia y de la página que transcurren más allá de todas las complejas vanidades y anomalías.

Nota del traductor

Cuando empecé a trabajar con estos poemas, la primera cosa que atrajo mi atención fue la intertextualidad entre el inglés americano del siglo diecinueve de Whitman y las varias traducciones que el Dr. Ambroggio consultó mientras creaba su homenaje poético a Whitman. Esto es más evidente en los poemas 1 y 52, los cuales, si no fuera por el breve corolario que constituye un poema extra al final, sirven de sujetalibros que apoyan los poemas nuevos. Pero es también evidente en las citas más breves dentro de sus textos, con las "bellas cursivas" a las que se refiere Ambroggio.

La solución obvia es simplemente localizar el pasaje original y aplicarlo a la porción del texto en cuestión. Hacer eso, con respeto a los pasajes más oscuros y sueltamente traducidos, es bastante difícil; en lo posible, sin embargo, así hice al final con estos trozos intratextuales y los epígrafes que acompañan la mayoría de los poemas. Pero más interesante es qué hacer con los pasajes más largos, originalmente traducidos del inglés al español por León Felipe, prominentemente, y también por una variedad de traductores desde Borges al mismo Ambroggio. Me pregunté, primero, ¿y si lo tradujera de nuevo del español al inglés? ¿así re-imaginando, en efecto, una versión de Whitman más inmediata y al día? La mera sugerencia casi parece una blasfemia: ¡atreverse a alterar el texto del maestro! Y sin embargo el acto de hacerlo en escala pequeña, razoné, además de ejercicio mental para el traductor, podría también sugerir (o hacer recordar) a los lectores lo que realmente pasa en la traducción literaria. Podría dar testimonio, pensé, del papel importante y pocas veces considerado del traductor literario, cuya obra, por su propia cuenta, es una forma artística y que muchas veces es el único modo en que podemos leer un texto. Podría servir para ilustrar que, siendo un arte, no puede haber, entre idiomas, algo tan fácil como una correspondencia perfecta de una palabra por otra. Y que mirar atrás, en el contexto presente, desde estas traducciones al español hacia otras al inglés, no es necesariamente regresar a las palabras originarias de Whitman.

Consideremos, en este contexto, el Pierre Menard del cuento famoso de Borges: A Menard se le da el desafío de recrear el *Quijote* desde su experiencia, exactamente como Cervantes lo escribió pero desde la perspectiva alterada de un simbolista francés del siglo veinte, de esa manera creando un texto cuyas palabras son idénticas al original pero cuyos sentidos han cambiado absolutamente. Lo que yo propuse aquí, en contraste, fue simplemente el desafío más humilde de llegar *hacia* el texto originario de Whitman, con algunas de las mismas palabras y algunas diferentes, tanto como los mismos sentidos y diferentes matices de sentido. Un encargo modesto, quizás, pero uno que seguía tentándome.

Empecé, sin embargo, con el texto sin modificaciones, temiendo entregarme a lo que podía ser una tentación necia. Pero había algo, mientras tanto, que me parecía malo, incongruente. Al fin concluí que era la sintaxis desigual de Whitman que dejaba, por acá y allá, una nota discordante, mientras que en el libro de Ambroggio su propia voz armoniza más felizmente con la voz combinada de los traductores de Whitman.

En fin esto puede ser una cuestión de énfasis, más que alteración significante de sentido. Pero la poesía, más que significación, es intuición y sentimiento, y lo que llamo discordancia también es cosa de intuición. Otros juzgarán en qué medida haya tenido éxito o haya fracasado con este experimento y con la traducción entera. En todo caso, el acto de trabajar en este proyecto ha sido un placer tremendo.

Fuera de eso, debo yo una deuda grande de agradecimiento, por su cuidadosa atención y críticas del manuscrito, a la Dra. Rosa Tezanos-Pinto de Indiana University-Purdue University en Indianapolis, y también al mismo poeta, Luis Alberto Ambroggio, por la oportunidad y su confianza puesta en mí para traducir esta obra tan importante y a Christopher Merrill por algunos discernimientos muy útiles al final. Gracias a los consejos y ayuda de ellos, la traducción es mejor de lo que hubiera sido. Cualquier error o imperfección que queda en ella correrá por mi propia cuenta.

Todos somos Whitman

1. ¿Qué es esto?

Canto a mí mismo (6)
[Traducción de León Felipe]
Walt Whitman

¿Qué es esto?, me dijo un niño mostrándome un puñado de hierba.
¿Qué podía yo responderle?
Yo no sé lo que es la hierba tampoco.
Tal vez es la bandera de mi amor, tejida con la sustancia verde de la esperanza.
Tal vez es el pañuelo de Dios,
un regalo perfumado que alguien ha dejado caer con alguna intención amorosa.
Acaso en alguno de sus picos ¡mirad bien! hay un nombre,
una inicial
por donde conozcamos a su dueño.
Pienso también que la hierba es un niño,
el recién nacido del mundo vegetal.
¿O es un jeroglífico uniforme cuyo significado es nacer en todas partes:
en las zonas pequeñas
y en las grandes,
entre los negros
y los blancos,
para darse a todos
y para recibir a todos?

2. Canto de/a/mí/sí/mismo

Y aquello que yo me apropio habrás de apropiarte.
Walt Whitman (1)

Este Yo desperdigado.
hispano, latino, rubio, negro, cobrizo,
nativo e inmigrante, con todos estuvo aquí
antes y ahora; ahora y mañana; no se detiene,
átomo virginal de la desnudez y el polvo,
del hijo universal de Manhattan
del cosmos sin alambres
y el remolino de los ecos.

Niño con la sabiduría de las preguntas,
hijo de pobres y de ricos, de educados y analfabetos,
de rieles, siembras, clases y cuidados,
que brotarán con cuerpos sin un olvido,
semilla en su tierra de sangre nueva,
que recoge manos, pupilas, voces,
el sabor de los océanos
el olor de dulces selvas,
polen de Dios, días y noches
centro del yo que danza con muchos,
hombres, mujeres, jóvenes y viejos
en la luz del surco del infinito,
con manos abiertas, sin muros,
raíces libres mías y de todos
al pie del canto
que ahora festeja
sin *credos ni bibliotecas*.

Con todos los colores que agitan su raza,
romana, celta, hebrea, mora,
hispana, aborigen, con reinos de muchedumbres
frescas en el árbol de la vida.

Hierba, niña, niño, germen suplicante
en la atmósfera del amor y los relojes,
Dios de la promesa y el porvenir,
reciente y antiguo en el pueblo nuevo,
ido y llegado del pueblo viejo,
el corazón de la humanidad en la luna de las manos,
el aliento de las sílabas.
Porque es voz, zumbido de hojas verdes y secas
que ama por igual
en el color de su época, el parque que es, soy,
somos, hoy, aquí, ayer y siempre,
el territorio impreciso del misterio.

Es puertorriqueño, chicano,
de la Cuba libre merenguera,
de Santo Domingo y todo el Caribe,
de El Salvador y Nicaragua.
Viene de México, América Central,
(Nicas, Catrachos, Ticos, Guanacos, Chapines)
de Costa Rica, el Tikal, Guatemala,
de sus selvas, lagos de sal y miel,
de Panamá, Colombia, Perú y Venezuela,
los maíces de las pampas argentinas,
las venas de uva de Chile, la quena de Bolivia,
de sus mayas, quechuas, aztecas, incas
de los guaraníes, el Amazonas, Ecuador,

del Uruguay charrúa y sus riberas,
gauchos, criollos, europeos, mestizos,
mulatos, güeros, turcos, asiáticos, sirio-libaneses,
pibes, gurises, paisas, rotos, chipotes.

Lo acosan y espantan hélices y metrallas,
los centavos del martillo y las cenizas.
Patrón y jornalero; esclavo aún del trabajo,
pintor de ranuras, creador ingenioso de techos, pavimentos
en la agonía de la sangre del ayer y el todavía
del lunes de los comienzos y el domingo de las fiestas.

Lo traducen y no lo traducen las bienvenidas,
los graznidos del rechazo y el silencio sin sol
de la indiferencia, los días, las manos grises.

Pertenece a la familia y a veces lo invitan, otras lo excluyen
de las cenas familiares y su menú de auroras;
cuando viene la compañía, se han acostumbrado
a que solo limpie, cocine o sirva la mesa.

Sufre ahora, y en el próximo viento, el humo discriminante
del aliento en el azar, para bien o para mal
de quienes respiran intoxicados ignorancia o altanería
sin racimos de estrellas, montes, nubes celestes,
manantiales de dádivas y de praderas.

El sueño de tu creación, patria de muchas patrias,
lo definió y descompuso al mismo tiempo
en el fermento de leyes caprichosas
que atacaron a la libertad y felicidad en su camino
y el de todos los que suscribieron tus artículos.

Le gustan y no le gustan las palabras, la víspera
de los silencios, vocablos teñidos en el antagonismo
de imperios y conquistas, bienvenidas, ataúdes y desprecios,
oros recibidos y robados.

No lo destruirán, aunque sea maestro o estudiante,
seguidor o dirigente. Trataron sin suerte
porque la historia y su alma, a la que pertenecemos
y pertenece en este paño de sustancias y tiempos,
no lo permiten.

Soy inmenso y contengo multitudes.
No podrán negarme ni ignorarme ni declararme indocumentado:
estoy escrito en ti, en todos,
como todos lo están en mí,
en el barro y en el cielo blando de la brisa,
en el significado sabroso de tu cuerpo.

Con la voz sabia del pueblo, se queja y no se queja.
Como todos, triunfa en las derrotas y pierde, a veces,
en las victorias de los puentes,
porque la ventura de la espiga la lleva dentro,
fuera, en el ombligo de la agonía.
Canta con la voz de los campos devorados,
el sudor de las estrías y sus dones,
el cuerpo robusto y abrumador de las ciudades.
Quiere ser la voz del río y no solo de las prohibidas;
sino también de las voces estrictamente ignoradas.

No desearía ir a un bosque
en el que deba evitar las raíces.

En el yo de todos,
el alma universal del poema,
en cada Walt Whitman interminable,
cosmos sin rúbricas,
ola en las olas, mundos compartidos,
en el amarillo que vibra,
danzo, sonrío, lloro:
Me canto y me celebro.

3. Identidad humana

A los visionarios

Veo en tu cuerpo
el universo de una historia,
la geografía tallada
de muchas conquistas y derrotas;
en la gloria de tus ojos,
las arrugas con su siembra,
las sonrisas y lágrimas,
veo el horizonte cotidiano
del amor y de las pérdidas,
la dulzura amarga del éxito
la dolorosa esperanza del fracaso.

Veo en tu cuerpo
-que camina la naturaleza,
la ciudad, la montaña,
el campo de la vida-
el paso de la muerte
y el aliento de tu pupila,
hombre y mujer, joven y viejo,
esencia de multitudes,
gris anónimo y con el grito
de un nombre cierto.

Te veo en un cuerpo que abarca
simultáneo tiempo y eternidad,
al amanecer, al crepúsculo, sol, lunas llenas

y sus extensiones de luz, oscuridad
en una sangre inquieta y suave,
corazón líquido sin fronteras.

Veo en tu cuerpo
la raza y la ausencia de razas
exhalando sin indulgencia
la blasfemia de la discriminación
y su bienaventurada condena.

Eres todo, toda, en uno,
el mundo asombroso del Yo,
unido y disperso,
en la misma invitación:
conjuro de opuestos
que te definen,
como me definen a mí
y a cada uno de los otros
existiendo en mí y fuera de mí,
en la incesante alma compartida
de la calle abarrotada y sola.

4. Briznas

Creo que una brizna de hierba no es menos
que una obra de las estrellas.
Walt Whitman (31)

Ese tenue llamado de las cosas,
la hierba, la tierra, la novia, los pájaros,
el horizonte felizmente diluido,
anticipo o epílogo de lluvias.

El vaho de mi propio aliento,
el latido perfumado del coro,
filamento en la boca
que adora el balance
de la fragancia de los besos,
las melodías, el cuerpo que brota
en pequeños diálogos dorados,
impulsos de pureza repetida
de aire sin sosiego,
llenan caminos, campos, urbanizaciones,
casas, barrios, calles, rincones, suburbios:
el pulmón renovado del pueblo.

5. Tejido

Si faltara uno de los dos, faltarían los dos.
Walt Whitman (3)

Compuestos de diferencias
impulsan órganos, individuos,
para tejer otros entes de alegría
en la fiebre del eterno ahora.

No me faltes en la vida; no te falto
en la unidad del punto que nos borda
aquí en el vaivén de la aguja y el hueco,
donde las carnes manchadas se gritan,
se expanden, más allá de las rocas.

Tela de bosques que hablan,
gotas, moléculas, rostros y delirios,
pueblan y poblarán la tierra.
Hilos de sangre, nombres y otros dibujos,
sus junglas, minas, mares, cavernas, ciudades
son el caudal de su permanencia:
todos en mí y yo en todos;
una túnica salvaje de maravillas.

6. Coito eterno

El amor es el sostén de la creación.
Walt Whitman (5)

El alma copula con el cuerpo
y el cuerpo con el alma en un Yo perdurable.
Se resuelve la pasión en la unión de los senderos,
produce descendencia de identidades
dejando el cuerpo de ser material muerto
y el alma la desnudez de un deseo
porque el cuerpo con júbilo lo concreta.

Trasciendo con el erotismo de la naturaleza,
con la fermentación de la página,
con el lector que me enciende con sus ojos,
con los hombres, mujeres, amantes, hermanos,
con quienes nazco, muero y regreso,
bebé, hierba en multitud, del regazo universal
surjo con el abono tierno e insinuante de los reciclajes
verdor de la esperanza; alma al *ocio sobre la hierba*,
más allá de los cadáveres, las exequias desteñidas,
vivo sin morir, muero sin morir,
en la voluptuosa persistencia de la juventud,
el eterno coito que nos engendra
y sustenta el vapor del paraíso.

7. Conversión

Eres polvo y en polvo te convertirás.
Génesis 3:19

Feliz con mi polvo
de origen y de destino
rico en la desnudez de todo.
Lo que veo, lo que toco, lo que huelo
lo que oigo, lo que como,
conducta inocente de los sentidos.

Soy fruta y carne,
lágrima y océano,
en la solidez del universo
que consumo y vive en mí,
como viviré yo en otros,
partícula de todos
después de la muerte y sus cenizas.

Augurio antiguo y renovado,
me convierto en día y noche
a lo largo del tiempo que produzco
con el trémulo aprendizaje,
sin arrepentirme del barro
que fui o la fertilidad
de los éxtasis que me descifran.

No luzco como pieza de un rígido museo.
Mi cuerpo reproduce un fluir
del pasado y del futuro,
concepción del caos y su conquista,
en la perenne conversión
del interrogante de la vida
con su sonrisa, podredumbre
en la multitud que me habita,
celebración de mi canto
reborn, recién nacido
hace años y siempre
sin genuflexiones.

8. Hoja de infinito

Conozco la amplitud del tiempo
dijo el viejo de barba blanca, hijo de Manhattan,
el cosmos del individuo que nos cantaba a todos
en sí mismo, Walt Whitman, de los muchachos,
la mujer, el compañero de cama,
canción de hierba.

Conozco la amplitud del tiempo,
Conjugación diaria del horizonte
en el verde del hoy y de siempre,
la sonrisa elemental del compendio.

Soy, somos, todos en el ser,
uno e infinito.
He aquí la estirpe.
¿Algo más queda por decir
superando la reverencia elocuente
del silencio eterno
o la felicidad absoluta
de nuestra gloria?

Finalmente siento
la errante hermosura de la existencia,
sin estrecheces.

9. Maravilla

Solo esta desconcertante maravilla mística lo completa todo.
Walt Whitman (23)

¡Qué deleite festejar
la superstición de esa maravilla
que nos iguala,
al ser todos,
al mismo tiempo,
cuerpo y alma,
grandes y pequeños,
importantes e insignificantes,
ricos y pobres,
negros y blancos,
patrones y obreros,
viejos y jóvenes,
partos de átomos dispersos
unidos en uno
y uno en todos disperso,
ciudadanos y extranjeros,
en el abrazo de la luz y de la sombra,
la ligereza de un beso,
la trilogía del principio,
el fin y su resumen,
en la realidad de la vida
que con el amor del aire
al nacer muere
y en la muerte resucita.

10. Oda al diablo

¿Será el diablo
la más divina de las criaturas?

Para cubrir la rebelde armonía
alguien debió nacer condenado
a lo opuesto.

Pero al menos sabe quién es
en la sociedad de unión imperfecta
y acepta sincero su papel oscuro
en la maldición del dualismo,
sin disfrazarse hipócritamente
de ángel, de esos que con aureola
cometen diabluras
incluso en nombre de Dios
y otros hábitos;
matan, por ejemplo,
bajo el escudo de la paz;
o fomentan infiernos
con *Te Deums* y otros golpes
de pecho, sables, palabras
o más privilegios inapelables.

¡Qué feliz me sentía
cuando de niño,
festejando mis picardías,
me tildaban de diablillo!

Y al mismo tiempo
me llamaban con cariño "Ángel".
Usurpaba inocente la paradoja
de los dos en el uno de mi cuerpo
ante las sonrisas cómplices
de mis creadores.

11. “¿De dónde vino la música?”

C.K.Williams

Preguntarme ¿qué soy? ¿quién soy?
Y en la neblina del insomnio,
descubrirme brote de mi verso
que intuye la mentira de los perfumes,
encamina el sonido y las alas
de las aves frágiles del abedecedario,
para derramar mi entidad compleja,
ese asombro que observo y en el que participo
con el diccionario de mis fechas,
el juego, el pantano, la agonía, el sueño,
las playas oscuras, todo lo que me circunda.

Salvaje, admirado e inmenso, como Whitman,
canto el júbilo de mi unidad
en la diversidad que me atraviesa,
habita y, melodiosamente, desafía
con la música rebelde de los mitos.

12. "Los vivos duermen . . . y los muertos también"

Walt Whitman (15)

Dormir como un niño
con el sueño espontáneo e inocente
sin orillas de gritos o compromisos,
alma desnuda y llena,
después del juego de las horas y sus caprichos.

También prolongar el sueño
con la despreocupación excitada
de un o una adolescente,
cuerpos divinos con cinturas
y ondulaciones que cantan.

También conciliarlo
con la pasión de hombre y mujer
aceite y martillo de besos,
conjugando piernas y labios
en la profundidad satisfecha
del movimiento.

También descansar
en el espacio desmantelado o en el peso
que descargo de mis hombros
hasta el reposo de la tierra
bajo la ternura de un faro quedo
o la luna de las risas blancas.

Mientras el campo, la ciudad,
los vivos y los muertos duermen,
me asusta dormirme sin sospecha,
en el sudario de la noche,
solo por la debilidad de los ojos, oídos,
la resignación oscura de los músculos,
la cabeza, en el vacío, sin alrededor del momento
y otros delirios y colores,
con la resignación que no amanece
de un cadáver absoluto,
una piedra que no escucha ni exhala
los toques de la vida,
el hálito del mañana,
la suerte del regalo sin ausencia.

Con los muertos y los vivos
fui, soy y seré, sagrado en el sueño.

Socavo el ultraje del destino.

13. Enamorado del cosmos

Algo que no puedo ver eriza púas libidinosas.
mares de jugos resplandecientes bañan el cielo.
Walt Whitman (24)

¡Qué placer infinito
me produce el hacer el amor
con la tierra y el océano
sin puertas ni paredes
que oculten el secreto!

En la libertad del milagro
que contengo en mi apetito
algo que no puedo ver eriza púas libidinosas.
mares de jugos resplandecientes bañan el cielo.

Perdido en el invencible resplandor
del espacio en dulzura erguida:
ya no es deseo ni abstinencia
sino el sabor del instante completo.

14. Las palabras

La plenitud de la prueba y todo lo demás
los llevo yo en mi rostro;
El habla es el gemelo de la visión.
Walt Whitman (25)

Inhalo, exhalo con sílabas
el deslumbre del mundo
abarcando todo, sin diferencia,
pequeño y grande,
lo que el cielo de mis ojos absorben
y mi voz, cascada divina,
con suspiros, recrea.

Irradiaciones del ahora y su existencia,
sonrisas de gemelos,
(visión y habla),
jugando a imitar
el interior y exterior
de nuestros mapas,
con júbilo, peleas y llantos,
que alcanzan, reencarnan y expresan
el volumen cercano e infinito
de la fuente del misterio.

Percepción y respuesta
en el brote cotidiano
de la luz y de la vida:
el "¡Oh!" deletreado,

como lámpara de carne,
con el aleteo, el dolor,
la entonación ardiente de ser,
su sorpresa y su grito
frágilmente explicado.

Palabra y visión,
dócil creación de los bosquejos,
con ellos salgo y regreso.
Llevan lo que soy.

15. Himno de mediodía

Comer el calor de su azul,
el centro dorado de sus plumas,
allegro en el pentagrama del horario,
sin abdicaciones.

El ardor lo trepa
por los huesos de las horas;
reconcilia los dos mundos
del sol y su camino.
Una estatua resplandece
la algarabía del estío.

El vientre insaciable de la mirada
almuerza brotes,
el sabor del día.

Confieso que mi himno
tiene hambre de memoria
y de deseo,
sus racimos de fulgores.

16. El dueño de los sentidos

¿Soy el yo de mis sentidos
o mis sentidos me poseen?

¿Posees al mundo a través de tus sentidos
o el mundo te posee a través de los sentidos?

Inquietos y calmos
preguntan o solo comprueban,
disfrutan, sufren
la realidad que enamora,
calienta, enfría, satisface, hiere,
el ojo del agua,
los quejidos del viento,
el vértigo de los delirios,
el calor líquido del pimpollo de los labios,
sabores de enigmas azucarados,
que nunca se disipan.

Mi cuerpo y yo somos sus dueños,
aunque ellos me den vida
en la piel de la luz de la tierra
y el alma los respire.

17. Tacto

Exprimen la ubre de mi corazón para
extraerle la gota escondida.
Walt Whitman (28)

Tócame para que me penetres
y yo te vibre.
Te toco con mis ojos, con mis oídos,
con mis manos
y festejo con mi olfato
el aroma de tu presencia en mí,
en el nosotros de nuestra fortuna
con y sin piel,
con y sin voz,
con y sin importancia.

Soluciona el contacto hogares
de carencias, silencios, longitudes,
desamores, desconciertos, desconsuelos.
Exprímeme con la fisicalidad de la caricia,
el masaje, tu cuerpo entero.

Conoce mi cuerpo,
cosecha de mis huertos tibios
la semilla de tu selva.
Recorre mis relieves,
arrecifes, el cancionero de mi altar

que te adora y te celebra
exudando con mi respiración festiva
tu cielo de fuego.

Al tocarme, al tocarte
me construyo de nuevo,
me abandono
en la otra identidad
que creo y me crea.

No hago otra cosa que resolver,
apretar, palpar con los dedos
Y soy feliz.

18. Oscuro silencio

Every condition promulges not only itself, it
promulges what grows after and out of itself,
And the dark hush promulges as much as any keep.
Walt Whitman (45)

Grita el sonido dilatado del futuro
más allá de la noche.
Llama el sol con signos.
Proclaman brillantes el portento
del silencio y su lenguaje,
dentro y fuera de mí, de todos,
arriba, abajo, atrás y adelante
como la danza de las manos,
de los ríos y las brisas.

Los labios del corazón así se expanden,
tocan y provocan las caricias
recibidas del universo
y sus amantes invisibles.

No vale la pena contar una historia
o hablar de Júpiter, Zeus, Quetzalcóalt, Jehová,
Osiris, Isis, Baal, Brahma, Buda,
Aláh, Odin, Mexitli u otros dibujos,
al sur o el norte de Aztlán
o de aquel rapto en la herida del crepúsculo.

Cada uno de nosotros es la leyenda
en el regazo del silencio.

No encarcela su vacío.
Más bien abre las puertas
para una multiplicación de labios
que habita el aire
y nunca muere.

19. Matriz de las sombras

Nunca dudo que esa sombra sea yo.
Walt Whitman (*Calamus*)

Deletreo con sombras mi imagen,
hacia adentro y hacia afuera.

Los rincones del mundo se pueblan.

Con la energía opaca del barro
se encienden los cuerpos.

El silencio de los mármoles útiles
pronuncia mi yo secreto y público.

Soy el surtidor y el apogeo de cada uno.
Salgo, voy, vuelvo y me interrogo
en la diversión gris
de un emblema sin precedentes
con la naturaleza sólida y sus nieblas,
con la libertad que nos gasta,
con la desnudez deslumbrada de la creación viva
y el agasajo fecundo de la muerte.

En este instante penetro en el útero emboscado de las sombras.

20. El ritmo de la humedad

Y me cubrirás con tu humedad amorosa
que yo he de retribuirte.
Walt Whitman (22)

Aunarme con la *amorosa humedad* de tu cuerpo
cargando mi alma que impulsa tu torso a unirse conmigo,
absorbiéndose los dos y el caos de un universo
con cada uno de los cinco o más sentidos.

Tú, la noche de senos descubiertos,
apretando con la cercanía del incendio,
derramas una lluvia de pasión
en la tierra que te acoge, mi tierra,
costa y árboles de cuerpos
con veintiocho suspiros nuevos,
meciendo la melodía de los brazos del mar
y su líquido que nos posee; penetra nuestros poros
el frenesí de las semillas,
el polen del deleite.

Nunca quisiera secarme con la poesía del desamor,
aunque el devenir me lo imponga
en el estupor marchito,
sino reembolsarle siempre al mar su caricia,
la de sus mareas, dedos de agua,
entrando y saliendo de su corriente vital
bajo *el arrullo, el susurro de su voz suave.*

21. La extensión del cuerpo

Si mi adoración se dirige más hacia alguna
cosa que otra, será hacia la propia extensión
de mi cuerpo, o hacia cualquier parte de él.
Walt Whitman (24)

Estirarme en la playa de tu cuerpo.
Expandirme desde los pies a la cabeza,
de la tierra al cielo,
desde mi cuerpo al tuyo, y a los otros cuerpos
con púas libidinosas que penetren el horizonte
y suelten *mares de jugos resplandecientes.*

Extender mi cuerpo, sus órganos, naturalmente,
dilatar los tuyos, para prolongar la historia,
los nombres, la savia, la música,
ese roce ebrio de los instantes.

Se alborota el cuello largo y pico del *tímido agachadizo*
Saliendo de su nido de *huevos dobles.*
Se erizan tus montículos para tocarme
y me alcanza con la elevación de los muslos
el relieve abierto de tu puerta.

No me detengas. No te detengas.
No detengas el anhelo de procrear
asombros, cunas, auroras,
el aliento generoso que nos supera,
el fuego de sangres juntas,

el hábito de la esfera consumada,
figura de constelaciones y nebulosas
en la evocación de una partitura sin límite.

No hay moderación que contenga el deseo
ni voz que lo intente tallar.
Volcanes con nubes y avalanchas de relámpagos
ensanchan los elementos
cuando *hundes tu lengua hasta tocar mi corazón desnudo*.

22. Promontorio

¡Tacto ciego, amoroso, combativo, tacto envainado, encubiertos de dientes afilados!

¿Tanto te dolió abandonarme?

Walt Whitman (29)

¡Qué curioso es el promontorio
al que nos lleva la excitación y el embeleso
con nuestros órganos erectos!

Allí al arrecife, la cima del precipicio,
punto en que la tierra sólida
se encuentra con el océano fluido
y todo nos abandona, *inermes*
a merced de un merodeador sanguinario,
como si el cuerpo, que nos define,
nuestras manos cómplices e imparables
nos entregaran a las llamas y el éter
nuestros y los de quienes nos asaltan
desnudándonos del corazón y los sentidos.

Luego el remordimiento tardío
o el abandono momentáneo.

Solos, después de la cópula,
el contacto ha abierto las *compuertas*
para que otros estímulos invasores nos devoren.

Más tarde el deleite *de otra cumbre y otra flor*
será el sentimiento mutuo que los une.

¿Cómo es posible a través de tanta plenitud
un salto al vacío que descorazona
en el altibajo de las decepciones?

El equilibrio del afecto
sabe de subidas y bajadas
pero nunca de tibieza.
Serán solo rápidos adioses
perseguidos por llegadas
en una pradera de montes prolíficos.

A ese promontorio nos conduce
la ardua promesa de nuestros brazos
y el incesante afán de nuestro brío
que grano a grano, poco a poco,
beso a beso,
libre de pérdidas y mortajas,
lo completa.

23. Los milagros del estiércol

La suciedad y el estiércol son más
admirables de lo que se ha creído.
Walt Whitman (41)

Percibe en el estiércol
una *fragancia más fina que la plegaria*;
inhala el milagro de la carne
que se renueva al ensuciarse de éxtasis
o la mugre sagrada del trabajo.

El fertilizante oscuro
de las axilas y los pechos que se sudan,
cubre las vulvas o terrones,
excita el cántaro de los huesos
y el abanico de las huellas.

Vibra en su santidad descompuesta
el ritual de las transformaciones.

Ya nada provoca desgarrarse las vestiduras
si no es para hacer el amor
con cada poro omnipotente
de los miembros en la arcilla
y la libido aromática de sus apetitos.

24. Empatía

A través de mí, surge y surge la inspiración divina;
a través de mí pasa la corriente y el índice.
Walt Whitman (24)

Con mi voz, si alguna me queda,
ambiciono transfigurar la vitalidad cruda,
el índice que incluye lo decente y lo vedado,
al grande y al insignificante
al estable y fugitivo, rico y menesteroso,
el que abarca en su amplificación divina
a toda la flora, fauna y perfumes,
verdades de las noches y las estrellas,
las voces mudas, prohibidas o marginadas,
las contraseñas compartidas
en una insobornable democracia
con el equilibrio de mi *Yo,*
fundamento de las causas.

Quiero conectar una cosa con otra
en la conjunción florida, en el aire libre,
el pañuelo de Dios que bordamos en el camino,
el arrullo minucioso de sus hilos
que configuran mi Yo, que eres tú
que somos el nosotros
del canto que conmemoro y nos inspira.

25. Sabor del aire

Este es el aire común que baña el globo.
Walt Whitman (17)

Me entrego
a los manoseos del aire,
la piel del sol
en todos sus tiempos
de sorpresa, de ardor divino
de mimo crepuscular
antes del feliz descanso.

En la noche beso la luna
de tu pecho descubierto.

Te amo y te multiplico
como tú lo haces
con la alianza de tu tacto,
la montaña de tu cuerpo
para respirarte luego
a lo largo de la cosecha
de mi lengua, hecha voz,
la de nuestros cuerpos,
del ser, de la naturaleza insuperable
que nos nutre, nos desvela
y saboreamos.

El amor de aire en flor.
La miel de nuestro baño.

26. Más gemelos

Si yo pudiera, ahora y siempre, crear la aurora de mi ser.
Walt Whitman (25)

"Get in touch". Nos ponemos en contacto:
en contacto con las palabras de las manos,
en contacto con las manos de las palabras.

Otro par de gemelos en nuestro recorrido
repitiendo auroras.

Estoy acostumbrado a su compañía
de día o en la intimidad herida de la tarde
bajo lunas llenas o de marfiles mutilados.
Juegan dos mitades contra la muerte.

Huelen la lluvia y comen la tierra;
por generaciones se conciben
flor y nube, viento carmesí
en el domicilio de los años.

27. Oyendo el almanaque del yo

Hoy no haré otra cosa que escuchar.
Walt Whitman (26)

La vida me conjuga
minuto a minuto
y me fuerza a escribir
más allá de los libros,
las clases,
los obispos académicos.

Derramo la tinta del vivir,
su sangre de calendario
y el hálito único
casi indescifrable
de cada pulso, instante,
que oigo junto
con *los bríos de los pájaros,*
el bullicio del trigo que se yergue,
el cuchicheo de las llamas,
el chasquido de los leños
que cuecen mi comida.

Eso es; escucho a la naturaleza en sí,
al fascinante enigma que me explica,
a las respuestas luminosas de las fábulas,

no a los cánones
ni a las frases exigidas
por los mercaderes de la lectura.

El mapa de mi alegría humana
se dibuja con los dones de la vida,
pequeño o grande
en la generosidad de su almanaque
lo que brota sin exigir ni forzar
los nacimientos,
solo la ramificación de sus sonrisas,
el sonido que amo.

28. Paisajes de la recompensa

Despedidas perseguidas por llegadas;
pago perpetuo de una deuda perpetua.
Walt Whitman (29)

Asesinada por la feroz tormenta,
relámpagos de filos ruidosos,
la hierba se baña con los cristales del aguacero
y, bajo el préstamo de su humedad, florece.

Copiosos sus brotes y los éxtasis
responden al tacto que intensifica la promesa,
el tallo, los perfiles mezclados
en el tumulto feliz de la cópula,
la verdad erecta de otro sueño empapado.

El sol y la noche son los cómplices
de las gotas y suspiros, el paisaje frondoso
de hierba, maíz y trigo, en el lecho.

Tributa la recompensa del latido.
No tiene precio.
Avanza en el blanco de la vida,
sin pérdidas, con la suavidad fertilizante
de las lluvias y sus besos.

Necesidad del cuerpo, la naturaleza;
se proyecta en el algodón de las semillas,
flecos rojos de amapolas,
hacia el horizonte siempre renovado.

Mi padre, ortodontista, noventa y cinco años,
más de treinta biznietos, sin cansancio en sus genes,
me comunicó ayer que retomaba tareas rurales,
con el césped, en el patio agradecido de la casa.

Uno de los paisajes
en la recompensa
de mi corazón.

29. Evolución

Descubro que he incorporado granito, carbón, musgos,
frutos, semillas, suculentas raíces.
Walt Whitman (31)

Instantes innumerables de nacimientos,
instantes innumerables de muertes,
instantes innumerables de amaneceres,
instantes innumerables de estrellas,
instantes innumerables de cuerpos
incorporando *granito, carbón, musgos, frutos, semillas.*

¿Cuál es el viaje de los brotes?
Se pierde y recupera todo en la órbita de lo nuevo.

Pacto del verbo que transforma.
La desenfrenada naturaleza con su energía original
ejerce su acto de presencia
variado,
libre,
amplio,
imparable,
cambio de párpados abiertos,
paraíso que reclama el asombro,
la montaña con su cabellera blanca
respira el cielo

y remoja sus pies en el lago;
hormigas, pájaros, peces, monos, capullos
u otros nombres de vida
versos de preñeces sin luto,
dejan una huella de polvo
proclamando el fracaso de la elegía.

30. Canto del animal

Me parece que yo podría vivir con los
animales; son tan plácidos y retraídos . . .
No andan desvelados en la oscuridad ni lloran por sus pecados.
Walt Whitman (32)

¿Quién no admira la saliva creadora de la araña,
la perfección de la hormiga,
la elegancia inquieta de la mariposa,
que la *zarza mora pueda adornar los salones del cielo?*

Antes me enfurecía el rayo del berrido
con el insulto de "animal";
ahora lo aprecio en mi esencia
por encina de la irracionalidad del soberbio.

Como al acariciar a Babe, mi plácido ovejero,
mi animal de compañía,
que celebra mis llegadas,
me lame en la soledad del tiempo;
juega, pide, me cuida terapéutico,
me entiende, guía;
hasta pareciera vociferar un lenguaje de asombro,
al ladrar haciendo caso omiso de órdenes incongruentes,
y en cada despedida, aúlla sus sentimientos
con un auténtico sollozo.

También lo llevan a cabo con sus mimos
el gato de mi novia y los prácticos de T.S. Eliot,

el pícaro Mefistófeles, Macavity
misterioso en el disimulo de su crimen suave.

No ejecutamos mejores monerías que sus artífices;
son todos ellos los protagonistas indiscutibles del circo.

Recién en el teatro del zoológico
la audiencia gozó los aplausos de un lobo marino,
el manejo de pelota y otras acrobacias.

Yo presencié, maravillado,
en la nieve marina de la estepa,
un enojo de pingüinos
y su solemne caminata.

Nos encarnecen las vueltas de la mamá con sus patitos
y nos colma aún la melodía del puppy love.
Comparten los patios conejitos
con la ternura alerta de sus orejas.

El esplendor de los corceles
tiernos y sensibles a las caricias,
con sus *cuerpos que se estremecen de placer cuando corremos*.

Revive a cada rato del suspiro
el beso olímpico del cisne a Leda.

La sublimidad del vuelo del águila.
Han dicho que el poema es un pájaro,
todo en el universo un *designio con alas*.

Deseo, a veces, poseer algunos de sus dones y talentos.
Me traen testimonio de mí mismo;
dan prueba clara que ellos los poseen.

Y tú, Whitman elocuente, nos insistes
que *un ratoncillo es milagro suficiente*
para hacer vacilar a sextillones de incrédulos,
que *la vaca paseando con la cabeza baja supera todas las estatuas,*
que *la expresión de los ojos de los bueyes*
dice *más que todos los libros leídos en la vida.*

Allí están ellos, con el burro, en el pesebre.

Aceptan lo que son y lo que tienen
sin resentimiento ni protestas.
No necesitan espejos para modelar su hermosura.
Viven desnudos, sin calzado, en el edén de las horas.
Cantan el amanecer con trinos sin escuela.
Bufan de sorpresa los alces y otras especies
o te miran cuestionando, sin alarde, tu presencia.
Se alejan pacíficos hacia el monte y la sabiduría de sus árboles.
Se entienden en la vastedad del universo.
Duermen en paz. No les aflige la culpa ni el pecado;
tampoco ansiedades de dinero
o la corrupción de otras ambiciones más lejanas.

Parecen felices en sus nichos idóneos
de plantas, tierra, aire, campos y rocas.

¿A quién no le gustaría usufructuar sus cualidades
y no algunas humanas que nos castigan?

¿Qué biblioteca le insinuaban a Borges los ojos de los tigres
o el oro del león del mediodía?

31. Nueva fe

Mis ataduras y lastres me dejan; mis codos
se apoyan sobre las quebradas del mar.
Walt Whitman (33)

No busco huesos
ni el lugar de tu entierro
porque vives.
He visitado la casa
de tu nacimiento.

Emancipado, veo y escucho todo de nuevo.

En la inquietud del momento
mi recorrido de joven
prefiere la naturaleza a la historia
y la visión abandona las anclas.

Suplanto el pulso moribundo
con el latido de cada cosa,
un manantial de sangre renovada.

Crecen las nubes con surcos de agua
y participo indomable en el prodigio.

Soy un libre enamorado.
Es imposible abarcar
la inmensidad de la belleza.

No me entierren en el desperdicio.

32. La divinidad de la encarnación

Encarno todas las presencias que están
prohibidas o que están sufriendo.
Walt Whitman (37)

Ahora siento que materializo una bienaventuranza.
Contiene el universo de los seres hasta su último aliento,
la cosecha de sus pieles,
el coro interminable de todas sus voces,
lo que es corazón, carne, piedra,
lo que palpita en cada átomo.

Quiero que resuciten en mí los muertos de siempre,
que se repitan en mí los latidos sin pausa
de todos los cuerpos, sus mieses, sus almas
en la tierra, en la bóveda celeste, en el océano.

Quiero sentir que los encarno a todos,
los hago míos,
como el Nazareno,
al leproso y la prostituta,
al hijo bueno y al pródigo,
al esclavo, al sin techo y sin cuidado,
al que padece cólera, sida,
u otro dolor y castigo que nos ahuyenta,
sea vil o justo,
grande o pequeño,
el trozo que absorbo en mi humedad amanecida
y llevo a la cumbre de la existencia.

Quiero sentirme el amante
que *toca todos los momentos de sus vidas*
sin olvidar a nadie
ni siquiera *las briznas más insignificantes*.

Quiero reírme ya *de lo que llamáis muerte*.

Todo en mí se reconstruye.

Acunar a un bebé es divino.

33. Intraducible

Yo también soy indomable e intraducible.
Walt Whitman (52)

Intraducible como la maravilla.
Intraducible como la rebelión.
Intraducible como el interior que respira.
Intraducible el deseo iluso,
el coloquio de los ojos,
el salvajismo de tu canto,
como el gemido del halcón,
los murmullos de la selva,
como tus sombras que no se callan
y de tu carne, barro,
florecen luego hierbas.

Intraducible como los remolinos
que recogen tu cuerpo,
como la ausencia de no ser,
de las palabras que lo hacen.

Como el desamor, intraducible,
la falta de copulación,
el sabor del sexo,
el entendimiento del crear
y su presencia.

Intraducible como el laberinto peculiar
de la vida y de la muerte,
como los átomos del Yo
que se diluyen y reconfiguran,
como ecos de identidades disipadas,
como las olas de los mares que se confunden,
como el sentimiento y los brotes
que te eluden,
aunque supongas haberlos atrapado.
Intraducible como el perfume del suspiro,
el graznido de un latido oscuro,
el recinto de la voz indescifrable,
el aire negro.

El sol se me acerca,
al retroceder del día,
por el otro lado de mi ventana,
con el resplandor de su sonrisa
y en las hojas de la magnolia
me saluda. Intraducible.

Inútil, pero irresistible,
es el querer traducir,
aunque tú, yo, nosotros
nos rebelemos, escapemos
y creamos *no ser nada de eso.*

34. Arruga del futuro

Lo pasado y lo presente se han agotado
—los he colmado y los he vaciado.
Y me dispongo a vaciar lo futuro.
Walt Whitman (51)

Cuando la risa me recibió,
brazos del amanecer,
en medio de dos labios
se definió mi alma nueva con el llanto radiante de la vida,
tierna luna creciente que llevó en su vientre mi madre llena.

Crecí en la carne de la tierra,
una canción roja.
Conozco el agua del cariño y el espacio propicio de mi historia.

Los golpes me formaron.
Solo un relámpago de sed en la noche.
La clave de un beso en la misión del día.

Fui, soy, seré mi reloj.
El hijo de otro tiempo.
El padre de otro tiempo.
Coseché y sembré manos inmortales en los astros.

Con dolores, dudas, ilusiones a cuesta,
camino el libro usado del viento.

Ahora *cambio de agonías como de vestimentas.*
Pero no tiene nada que ver con el susto.
No voy hacia un espacio vacío
ni naufraga mi esperanza
en el horizonte donde navegan
los cuatro puntos cardinales.

La luz me riega.

Celebro la ausencia de la ausencia.
Anulo la tristeza con el convite de los cuerpos,
el pan indispensable del amor y los amigos.

Otra vez ciclos desnudos de gracia.
No se presencian los olvidos.

Mi ruta corre lejos de todo sondeo
No me espanta el rugido de la arruga.
Amé y fui amado; amo y me aman.

No vacío el futuro. Lo entrego.

35. El capricho y los dioses

Algunas grandes estrellas que brillan en
la altura, luces silenciosas y enlutadas.
Walt Whitman (36)

Preferiría echarles la culpa pero no puedo.
La boca del niño, del lobo del mar
que han tragado la guerra, gritan
a la tierra; el cielo mira para otro lado,
no escucha *el murmullo de la sangre que cae,*
ignora las amputaciones de cuerpos y almas,
esos desperdicios amontonados de espíritus y carnes
bajo el luto indigno que acompaña a las estrellas.

Si Homero nos ponía en manos del capricho de los dioses
¿resultará en vano implorar el alcance indiferente de sus pechos?

¿No se afligen acaso por la crueldad del sacrificio
y del colibrí que los acusa?

Si somos, si soy, el que vive con todos los muertos
y el enigma divino de lo que existe
¿será, en verdad, *todo así; todo eso irrecuperable*?

36. Monólogo del práctico

Declamo con extravagancia y echo espumarajos
en mis crisis de locura, o espero, rígido como
un muerto, el despertar de mi espíritu . . .
Formo parte de la banda centrípeta y centrífuga . . .
Walt Whitman (43)

¿Ser o no ser?
No tengo la opción
sin triturar la naturaleza.

Prefiero ser más que un punto:
puntos suspensivos.

Antes de que me acompañe una estatua,
me entretengo con el vacío.

La luz no es breve.
La acortan nuestros ojos.

Entre el nacimiento y la muerte
hay un prodigio eterno.

De lo humano a lo divino
se derritió un paso.

Crear la rosa con palabras
¿y cómo se riega?

¡Qué fácil se llega
a las órbitas del asombro
y qué difícil el descenso!

¿Cómo se previene el naufragio
bajo las olas de los besos?

La frustración del amante
es el tiempo
y, a veces, el espacio.
Develar la sombra
y lo que llora detrás de la luz
implica un arte interminable.

El corazón aventura los latidos
en la esperanza del crepúsculo.

Se aleja la mariposa del silencio.
Uno, al fin, nunca vuela,
quedándose anclado con el "¿por qué?".

Dejo que responda
el círculo desafinado
en el que giro.

37. Paréntesis mendigo

Los mendigos se encarnan en mí y yo en ellos.
Walt Whitman (37)

Este es el rostro del que sufre
y en un paréntesis de su tiempo
la claridad le golpea las mejillas,
registra un horror fatigado en sus facciones
la condena perfilada del rechazo
del abandono, del loco, del proscrito,
del enfermo y sentenciado,
la cruda piel del holgazán y el despedido,
del carcelero y del encarcelado.

La humillación lava sus sonrisas;
entre la celebración y la desesperanza
parece concluir el polvo divino
de sus pies, de sus manos,
de su rumbo de imprevistos.

Ahora extiendo eufórico mi Yo, mi cuerpo,
y con la generosa agonía de mi sombrero
encarno y mendigo la justa simpatía,
el canto inverso de una limosna:
por amor de la humanidad, denme,
démonos, una dádiva
de existencia reconstruida.

Hay oro en el surco de la vida y de los ojos
con la energía recobrada y el deseo.
El desafío de los márgenes
no ahoga ni destruye el Yo rebelde
ante obstáculos que convierte en oportunidades,
recreando el Yo perdido,
saciando de comida la boca seca,
curando el tiempo de las calles,
saliendo del desgano y la derrota,
recuperando la luz de la epopeya,
la dignidad del pan de cada día.

38. ¡Basta!

Marcho lleno de un vigor supremo y nuevo,
soy parte de una procesión inacabable.
Walt Whitman (38)

Nunca le hubiese visto la poesía
a esa palabra tajante,
pero en su agresividad cargada
de emociones y en su decisión profunda,
la admiro: ¡Basta!
Decreto personal inapelable:
se acabó la injusticia, la tumba,
lo que nos encadena como piedra
y nos impide seguir los edictos
de los sueños, de la libertad
de los principios inocentes
antes de ser esqueletos
de los dictadores de rutina,
sometidos bajo el yugo
que nos niega el beber
el gozo de la arena,
la vida que perdura,
la dignidad de pueblo.
¡Basta! de la dureza
que no respira ternura
desde el caudal del origen,
desde la jungla de los sueños
desde el aire desnudo.

Declaro que me pertenezco,
me pertenece y posee la humanidad materna
a quien yo mismo pertenezco
y no a los credos, mandatos o disciplinas
que gritan bendiciones o maldiciones
con el don de lenguas y otros disfraces
de luz altiva o de amenazas.

Me festejan los azares.
Estiércol, abono,
raíz, brote y semilla,
mi dueño es la tierra.
Me repudian las jerarquías
como yo también las repudio.
¡Basta! Un ¡basta! sin confines.

39. Frescura

Todos somos parte de una frescura.
Wallace Stevens

Anhelo ser un árbol con besos de hojas
sonriendo en el bosque al ritmo de la brisa
y brindar aposento a pájaros felices
que celebren el amor en mis brazos brotados;
dar paz, dar sombra, dar alegría,
a quien quiera respirar mi verde,
el de todas mis raíces, el de las raíces de todos,
más allá de la asfixia y los apuros del cemento,
la irritación de la rutina, al margen de los ecos,
límites, consagraciones y otros himnos edificados.

Que pinten luego con sus sueños
y el pincel de Monet,
cual las hermanas de Stevens,
lirios de agua u otros retoños
que asciendan, desde la fuente,
mariposas traslúcidas,
a un nuevo grito de luz
con perfumes de esencia clandestina.

El presente, la fecha íntima de la palabra.
La poesía habla ahora más allá de la muerte;
el entierro bajo las hojas que leemos
es un ritual eterno de apariencias,
despertamos la vivencia fresca

con nuestros ojos, hojas vivas,
a las que tocamos dialogando,
haciéndoles preguntas,
mientras las acariciamos con las manos,
les damos vuelta, nos apoyamos
en su cuerpo que nos pertenece,
nos refleja, nos proyecta
con la lozanía de la vez primera.

Todas las vidas tienen su propia escritura,
la frescura de un asombro sin muerte.

40. Salvaje

El salvaje amable y desbordante ¿Quién es?
Walt Whitman (39)

Hay algo que conjura
en la raíz de la palabra selva,
salvaje; desafía
los atavíos ficticios de lo civilizado.

Alguien contó que mi abuela
practicaba la anarquía
yo añoro la independencia desacreditada
de la barbarie,
esa que fue destruida por la conquista,
su sabiduría de piedra,
los templos de su cultura,
su comunión con la naturaleza infinita,
su respiro de ojos puros en el aire.
donde el agua nos toca.

Me escapo a la frontera primitiva
con un cuerpo liberado
de la jerarquía del alma
y todos sus decretos.
Soy nativo en el territorio
de animales y bosques,
montañas, lagos, universo de familia,
pionero audaz de mi propio centro.

¿Qué ostentación civilizada
encarna la guerra?
¿La de los sepulcros, injusticias
y el montón anónimo de crueldades?

Yo, nosotros, todos queremos ser
el salvaje amable y desbordante
que domine la civilización
con conductas arbitrarias
como las de los *copos de nieve…*
como las de las hierbas,
su cabellera sin peinar,
su risa libre, ingenua.

Hostiles solo contra quienes agotan
la bondad de los granos,
los que inmolan la tierra,
las lloviznas dulces.
las mariposas, las flores, sus hermanos,
los que arrancan las páginas afectuosas
del libro ágil del calendario,
los que venden la libertad
con sangre en sus manos.

Anhelamos que nazcan
nuevas formas en las puntas de sus dedos
y que, sin ley, nos amen.

41. Jeroglífico del yo poético

¿Cómo se puede expresar en palabras huecas
la respiración del deseo?
¿Será en el suave espacio en blanco
que ata los trozos de amaneceres en los versos?

Nudo desbocado de signos intrigantes,
cuerpo sellado de revelaciones,
voz que brilla desde el agua
para que otra responda,
alzando desde lejos una sonrisa,
semen y yo, macho y hembra fecundos
en una entrega de poder y voluntades,
intenso pulso de días y noches sin angustia,
soplo de existencia declarada
manos que hablan redimiendo con su tacto de fuego
y rescatan a desorientados, ricos, pobres moribundos
levantan una marcha de enamorados
en el regreso y la anticipación.

La trama es un cúmulo de latidos
con el código del propósito
inspirado en los alientos de la selva,
el mundo y sus visiones
que el poeta, todos y yo mismo, sin saberlo,

con valentía e impulsos de procreador,
exploro, formulo y nos multiplicamos . . .

Así yo, Whitman, *me canto y me celebro.*

Escuché a un niño descifrándonos.

42. Destruir al maestro

Quien aprenda a destruir con mi estilo a su maestro, será quien honre mi estilo.

Enseño a los hombres a apartarse de mí, pero, ¿quién puede apartarse de mí?

Walt Whitman (47)

Barbudo venerable,
a pesar de que me lo ordenas
con un altruismo de cicuta,
rehuso aprender a destruirte,
porque al hacerlo, me destruyo
en el alcohol de la influencia;
tampoco quiero deshonrar tus cicatrices
de luciérnagas intrépidas
que aún vuelan en tu canto.

¿Por qué destruirte
y no edificar sobre
la explicación de tus ojos,
añadir a los límites el progreso
con la rebelión de los filtros?

Me aparto de ti para comprenderte.
Te construyo en mi diferencia;
No es tu réplica sino mi Yo que al negarte,
te encarna, te sobrevive y te repica.

El mismo Ezra Pound,
en su locura cuerda,
luego de detestarte
volvió a hacer un pacto contigo.

Ninguna de las verdades nos pertenecen.
Todas nos *pican las orejas.*
Las explicaciones de las lágrimas y los trinos,
las ventanas que curiosas se abren a las claves,
el aire y los jóvenes con la niebla azul de las palabras,
el fulgor del embarazo de la madre fresca,
la arruga del peso de la anciana,
me atraen y en su intimidad de luz
me encuentro
y te reconozco,
Cosmos de Camden,
Long Island, América,
historia, presente y mañana.

Me destruyes arando mi campo virgen.
Te destruyo, o te complazco,
floreciendo un fango combativo.

43. Flor de loto

Vida, supongo que eres el residuo de incalculables muertes.
Walt Whitman (49)

A Nelson Mandela, el 5 de diciembre del 2013

Miro tu sonrisa blanca
en el estanque calmo de mi camino.
Crece desde el barro,
desde *los troncos negros del lodo,*
y a través del agua venturosa
te veo brotar en el cielo.

Flor de loto son ellos, madre,
hijos, nietos, esposas
y más allá de los dos tiempos,
eres tú,
soy yo, es mi alma,
su progreso innumerable,
notas en el pentagrama de un canto
en el riachuelo de mi vida
después de tantas muertes.

Desde las puertas ágiles del inicio
hierba de semillas en los pantanos fermentados
nazco hacia el final que es un comienzo
sin miedos porque me cubre la piel reconfortante
de gente buena, de mis padres, mis abuelos,
la salvación de sus raíces y sus hojas
que forman el suelo,
la base de mi presente;

las fotos de sus sonrisas,
son también flores de lotos,
en el remanso de mi casa,
mi territorio fluido,
mi sueño . . .

Y el de todos.

44. Forma transitoria

¿Qué significa existir en cualquier forma?
Walt Whitman (27)

Le canto al rumbo, al tramo,
al paso completo de mi vida, le canto,
configurado como enlace, cadena
entre los millones de universos:
uno en su esqueleto es flor, pájaro,
pez, animal de ese misterio,
el prodigio de crecer en este globo.

Poseo vestigios y deseos de alas,
huellas de mar entre mis venas.
Procreo al mundo con los impulsos
de mis anhelos que se convierten
en fe y ritos, ciudades, descubrimientos
de ciencia, arte y otros graznidos:
leyendas, leyes, expediciones
que unen en éxtasis y desafíos
mi alma con mi cuerpo.

Aunque *inmensa fue la gestación de nuestro ser*
soy, somos, seremos siempre
una forma elemental y transitoria,
un retoño de paso, sin cesar,
en el fluir bohemio
de lo que existe en trance.

45. Cartas de Dios

Encuentro las cartas que Dios ha dejado caer
en las calles, todas firmadas con su nombre.
Walt Whitman (48)

Me encuentro yo y cada cosa
en el arcano del cosmos innumerable
como una carta firmada por Dios, que me rodea,
con su nombre preciso
y sin posibilidad de entenderlo,
posando en las hojas abiertas de los árboles,
el bosque de los rostros,
las calles, el suelo pacífico,
en la punta risueña de las olas,
la acogida de las playas sinceras.

¡Felices son los que las pueden leer
con la emoción de la vida
y la escritura nómada de su poema!

¡Felices son los que viven en ellas
entre los hábitos que encaminan
a la tierra, la paz transitoria de la muerte
y el viaje del vuelo!

Me emociona la curiosidad del vértigo.

46. Curiosidad

¡Felices los que satisfacen su curiosidad de Dios
celebrando la divinidad de los rostros,
los cuerpos, los helechos, las hojas anaranjadas,
los montes alegres, las azoteas, los ataúdes de existencia,
el perfume reciente de las espigas,
la resurrección de las gotas,
la rigurosa osadía del alba,
la fertilidad democrática del heno!

La curiosidad sabia de los que no explican.
La curiosidad sin héroes que admira los destellos.
La curiosidad de quienes cultivan los jardines de la música y
otras artes,
La curiosidad que no se asusta con la muerte.
La curiosidad del amor, eje inagotable del universo.

47. Autor-idad

Soy el maestro de atletas,
Quien expande su pecho más que el
mío, prueba la expansión de mi pecho.
Walt Whitman (47)

Si te dejas seguir por mis palabras,
recréalas.
Tu respuesta superará mi inocencia,
expandirá mi voz en la altura del lecho.
Persistirá el roce de mi nada
en el tejido de tus pasos.
Serás hombre, amante,
mujer sin tiempo,
prendiendo tu propia llama,
cosechando tu propia muerte.

Autor soy solo de mis ojos,
hábitos de amor y deceso.
Si *le pican a tus oídos* mis enseñanzas,
escúchate para concebirlas
en tus propias células.

Destruye mi voz. Escribe tu sonido.
Edifica sobre la ruina de mis pertenencias.

Yo soy yo, fui otros,
pero ya no;
eres tú en el nosotros
que festejo
durante la última noche,
el absoluto del ahora.

48. Felicidad

My knowledge my live parts, it keeping
tally with the meaning of all things,
Happiness, (which whoever hears me let
him or her set out in search of this day.)
. . . Writing and talk do not prove me,
I carry the plenum of proof and everything else in my face,
With the hush of my lips I wholly confound the skeptic.
Walt Whitman (25)

¿Cómo encontrar, vivir y pronunciar
esa experiencia que absorbe la aspiración
del cuerpo grande y la vastedad del alma?

¿Cómo saborear su vigilia y la intensidad
de su acto; río que no sabe de elegías,
cuya búsqueda está garantizada
y nos evade por nuestro propio equívoco
haciendo de *la angustia el pan cotidiano*?

¿Cómo hallar, sin penumbras,
el sentido y la trama de las cosas,
lo que nos habita, somos y sentimos,
lo que ocurre en cada luz de la sangre,
en cada momento que erige una lluvia de cielo,
lo que nos resume en el apocalipsis de la dicha
y nos impulsa a respirar el fulgor del arrebato,

descendiendo y ascendiendo a los sueños sin huidas
y los mágicos descubrimientos del porqué universal
de uno mismo, de todos, de cada cosa,
sus cambios, juegos e infinitos desarrollos?

Yo soy la felicidad numerosa y su caza colmada,
beneficiario y obsequiante de todos sus dones,
centro, principio y fin del vaticinio y su logro,
el acontecimiento, la suerte, la suma,
del enigmático tesoro del hoy y del siempre,
que mis partes vivas explican y contienen.

49. Caminamos

¿Quién quiere pasear conmigo?
Walt Whitman (51)

Caminamos por el otoño
entre los labios rojos de los arces,
las sonrisas y lágrimas amarillas
de los árboles que vibran su júbilo y su tristeza;
siembran supervivencia para la muerte venidera,
el trigo para el verano, bulbos de tulipanes
que nacerán con la primavera.

Caminamos entre las dos puertas
del estío y del invierno,
de la muerte y de la vida.

No nos escapamos de las contradicciones
mas las andamos en el alma de nuestros pasos,
pasiones, ideas, sueños,
espíritus de todas las estaciones
del tiempo y el espacio,
instrumentos serenos de los buenos
con una voz que nos bendice.

Caminamos libres la multitud que somos
con la energía de los riesgos que alertan
(riesgo es el nombre de cada suspiro),
subimos en los fracasos, descendemos en los triunfos
con la regeneración de la transcendencia.

Nadie seca las lágrimas profundas.
Contagian.
Si dejas que las piernas te abandonen
te abandonará la mente.

En el viaje nacemos la muerte.
En el viaje morimos la vida.
Compartimos los aires negros y blancos
de cada nueva caminata.

50. Final, comienzo del umbral

Si me perdieras en un lugar, búscame en otro.
En algún lugar te espero.
Walt Whitman (52)

A la vida la vivo cada día
hoy, en el futuro y el pasado;
y a la muerte también.

Vivo la inmortalidad.
El vestido de la muerte no me queda.
El amor me convence
que soy inmortal por todos lados.

De todos los tiempos salgo;
a todos ellos vengo
con la verdad y definición de la espiga
en la inquietud turbia del río, el océano,
las faldas doradas de la playa.

Te despido, te abrazo, te beso, te recibo
desde el nacimiento del presagio,
los plazos cortos o inexactos,
las contradicciones del trayecto,
en la alcoba del alcance
y la totalidad de los sueños,
sin muros, conclusiones
líneas de orden ni otros limitantes
de alteraciones y de pánicos.

Me voy a donde vine:
al aire, a la sombra, al sol, al polvo.
Pero búscame en ti, en todos,
en la ráfaga emplumada del viento,
en tu cabello, en la vida que respiras
en el humilde suelo de tu sustento.

Así me prodigo.

Abarco todas las imperfecciones
y el salpicón feliz de los logros.
No acabo.
Los nuevos atletas superan a sus predecesores.

Me renuevo en tus ojos.

51. Testamento reencarnado: el ahora eterno

Whitman, todos y yo nosotros somos tu epitafio,
o mejor aún, vives en nosotros porque nos dijiste
que cada átomo de tu cuerpo era nuestro también,
como tú, hierba somos del estío y de todas las estaciones.

Nos rebelamos contra todos los preceptos
ahora no escuchamos ya más *escuelas ni credos*
sino el vaho sagrado *de tu propio aliento*
que oscila entre *la luz y… la sombra*
dibuja el pentagrama *del himno del mediodía.*
Festejamos contigo *el impulso procreador del mundo*
ese *jeroglífico uniforme* que nos revela
por encima de *la hermosa cabellera sin cortar del cementerio.*

Ojalá cumplamos tu compromiso con *la rizada hierba, de tratarla con amor.*
Al igual que tú, nosotros no configuramos *una tierra ni el accesorio de una tierra,*
pero queremos encarnarte *camarada de las gentes todas, tan inmortales e insondables como* tu yo,
y a alguno de los *veintiocho jóvenes,* o los mitos de ese número,
que *se bañan en la playa sin imaginarse a quien rocían .*

La presión de nuestros propios *pies a la tierra levanta en* cada uno de nosotros *un centenar de impresiones.*

Del catálogo infinito de personas, quehaceres, razas, felicidades, desafíos y maldades,
proclamamos, como tú,
ser de *ellos, de cada uno y de todos,* urdiendo *el canto de* nosotros *mismos,*
sin acosarnos la opción de tener que escoger ni herir la democracia.

Somos *del viejo y del joven, del necio tanto como del sabio;*
un ser y seres *de la Nación formada de muchas naciones, las pequeñas iguales a las grandes.*

No somos nada *si no el enigma y la resolución del enigma al mismo tiempo.*
Respiramos *esto, el aire común bañando a nuestro globo.*
Albergamos tu contraste *al tocar y soñar para los muertos*
gozando con el clamor de *¡Hurra a los que han fracasado!*

El reflejo de tu *cara en las profundidades y alturas lejanas,*
suscribe el país de todas las luces.

Sí: es *un asombro la temprana estrella roja que tiembla en los ramajes;*
canta una constelación en la infancia de los poderes.
Nos confiesas que te ríes *de lo que llamáis disolución.*
Te seguimos.
Transmuta el barro en oro, aumenta la ilusión del nacimiento.
Ahora conocemos contigo *la amplitud del tiempo,*
el caudal interminable del reloj de la existencia.

Nos incluyes al afirmar: *Soy el poeta del Cuerpo y soy el poeta del Alma;*
"*¿Querrá alguien ver el alma?*"
Toco tu alma, contesto a tu pregunta diciéndote:

la contemplo en tus palabras.
Todos ansiamos el contacto, un masaje para el alma, un masaje para el cuerpo.
Nos provoca el que *muestres que la grandeza no es sino desarrollo*
con la audacia de un fuego libre hasta el apogeo del infinito.

Desde la playa ves los *encorvados dedos invitantes,*
del agua que recorre nuestra eternidad.

Tus palabras nos rozan por doquier.
llevan al cielo, después de estar en el infierno.
No soy solamente el poeta de la bondad; no rehuso ser asimismo el poeta de la maldad.
Para Wallace Stevens la imperfección es el paraíso;
Según Juarroz esta es la forma que asume la perfección para ser amada.
La verdad está en el terreno de lo opuesto y su obsequio.

Como comulgan los sentidos, siendo *el habla el gemelo de tu visión,*
comulgas con la naturaleza que vitalizas
apreciando que *una brizna de hierba no es menos que una obra de las estrellas.*
Llegas al componente de nuestra esencia sin épocas cuando descubres
que podrías cambiar y vivir con los animales, tan pacíficos y herméticos son;
y proyectas tus anhelos en sus vivencias sin culpa ni castigo
al advertirnos que *no sudan y se lamentan por su condición,*
no permanecen despiertos en las tinieblas llorando sus pecados,

Nos confiaste el contagio de ser *un libre enamorado*
encarnando con tu amplitud de una humanidad entera

todas las presencias prohibidas o que sufren.
Con tus versos le haces el amor a cada uno de los cuerpos.

Y a la afirmación de tu interrogante:
El salvaje amable y desbordante, ¿Quién es?
te replicamos que queremos serlo todos,
Pero hoy comportan el lamento de todas partes
las cámaras que vigilan el campo de prisioneros.
De allí que la historia se transforme en misterio
cuando planteas los vaivenes de la barbarie
¿Está esperando la civilización, o la ha superado ya y la domina?
En el hueco de la dolorosa languidez, nos acogemos, como tú,
aquí y ahora a la acosada matriz de las sombras.

Te has disuelto con *un grito en medio de la multitud*
en nuestro propio grito que te multiplica en la inmortalidad
y nos desafía con los cuestionamientos de rigor en los cismas:
¿Y qué es la razón? ¿y qué es el amor? ¿y qué es la vida?

Aceptamos contigo el alimento que nos calma
de una *fe que es la más vasta y tenue de las fes.*

La aventura de tus manos libres recoge a veces lágrimas
Y te empapan con su oleaje inquieto y la pregunta:
¿Qué tengo que ver con los lamentos?

En ti habitamos la carne del abrazo
una cumbre de cosas realizada . . . el guardián de cosas que serán.
Vagabundos contigo, *vagabundo de un eterno viaje*
te acompañamos; nos has invitado con la plenitud de tus palabras,

Soy el maestro de los atletas,
escribes generoso mientras nos dejas el rosario de lo que eres
y suplicas que te destruyamos, superándote

ya que, según tu propio verso:
Honra más mi estilo el que estudiándolo aprende a destruir al profesor.
Al ser tú y tu contrario, nos atrae vivir construyéndote.

Nos inspiras a cantar santo, santo, santo, al cuerpo
porque has *dicho que el alma no es más que el cuerpo.*
Nos inspira a palpar la redención y la desnudez del alma,
Porque has *dicho que el cuerpo no es más que el alma.*

Nos has enseñado que con nuestras vidas abonamos un préstamo;
ejercemos una recompensa y donación a diario,
en el vaivén del principio y el fin, con el cadáver
que *juzgas ser buen estiércol, y por ello no* te *repugna.*

En las confluencias de las subversiones nos empujas a creer
que *la Vida, es el desecho de incalculables muertos.*
Tu amor ilustra la sobrevivencia.

Gravitamos la memoria que guarda un ave bajo el silencio
y que si bien *el pasado y el presente se marchitan* -tú *los has llenado, los has vaciado,*
mas el vacío no seca las semillas;
es solo la espera del regreso que germina en tiempos repetidos.

Con el amor que imploro, proseguimos, como tú,
a llenar la próxima arruga del futuro.
Y en ti, hoy, somos *grandes, conteniendo multitudes.*

Cada uno de nosotros con tu línea insistimos: *Yo también soy intraducible.*
Constituimos un centro de cifras intocables.

No se pueden quebrar los códigos ni se traicionan los signos,
simulacros,
pero la cópula nos transciende.

Te veneramos al escuchar el florecer de tu testamento:
Me lego al barro para crecer en la hierba que amo;
si en adelante me queréis ver, buscadme bajo las suelas de vuestras botas.

Allí encontramos a cada instante tu epitafio vivo,
tu vida sustentando la nuestra.

Gracias, Cosmos del ahora eterno.

52. El pasado y el presente

El pasado y el presente se marchitan, los he llenado, los he agotado,
Ahora me dispongo a colmar mi parte del futuro.

¡Tú, que me escuchas allá arriba! ¿Qué tienes que confiarme?
Mírame a la cara mientras aspiro el olor de la tarde.
(Háblame sinceramente, nadie nos oye, solo nos queda un minuto.)

¿Me contradigo?
Muy bien, me contradigo.
(Soy amplio, contengo multitudes.)

Me dirijo a los que están cerca y espero en el umbral.

¿Quién ha concluido su tarea cotidiana? ¿Quién concluirá más pronto la cena?
¿Quién quiere salir a caminar conmigo?

¿Hablarás antes que me vaya? ¿Lo harás demasiado tarde?

Walt Whitman
fragmento de la Sección 51 del *Canto de mí mismo*
[Adaptación de las traducciones de Jorge Luis Borges, Luis Alberto Ambroggio, A.Vasseur, Matt Cohen, Concha Zardoya]

El gavilán manchado desciende sobre mí para acusarme de gárrulo y vagabundo.
Yo también soy indomable e intraducible,
y sobre los tejados del mundo, suelto mi graznido salvaje.

Los últimos celajes del día se detienen para esperarme,
lanzan mi figura corporal, con las demás imágenes, hacia el mundo callado de las sombras
y me hunden suavemente en el vapor y en el crepúsculo.

Huyo como el aire.
Sacudo mi guedejas blancas con el sol fugitivo,
vierto mi carne en los remolinos
y la dejo marchar a la deriva entre la espuma de las ondas.

Me doy al barro para crecer en la hierba que amo.
Si me necesitas aún, búscame bajo las suelas de tus zapatos.

Apenas sabrás quién soy
ni qué significo.
Soy la salud de tu cuerpo
y me filtro en tu sangre y la restauro.

Si no me encuentras en seguida,
no te desanimes;

si no estoy en aquel sitio,
búscame en otro.
Te espero . . . ,
en algún sitio estoy esperándote.

Walt Whitman
Sección 52 del *Canto de mí mismo*
[Traducción de León Felipe]

Corolario

Walt Whitman, un cosmos, de Manhattan el hijo;
leyéndote con la valentía de un corazón enriquecido
comprendo la diferencia entre el "yo" y el "ego".
Mientras, como brizna de hierba, al ego rechazo,
adopto con la humildad del barro el "Yo" de tu poema
que admiro y al que pertenezco
con la raíz anónima de mi partícula
y la de cada uno de nosotros.

Tu nombre es todos.
Mi nombre es todos.
Nosotros te atestiguamos.

Nos has incluido sin pretensiones.
Respiramos tu energía.
En verdad eres *la salud de nuestro cuerpo*
filtrado en nuestra *sangre restaurada*;
profecía tenaz que nos satisface.

Más allá de tus palabras que son un mundo,
De las flores con que la naturaleza escribe sus versos
y el retoño frágil de estas páginas sembradas;
más allá de tu canto que celebra el universo;
más allá de las espumas del nacimiento y de la muerte;

más allá del homenaje a los contrastes y sus sobrevivencias,
convencido, proclamo con la vida del nosotros en mis venas,
desde el vientre de este libro de hojas jubilosas:

¡Todos somos Whitman!

¡Nos hemos encontrado!

Sobre el autor

Nacido en Córdoba, Argentina, poeta hispano-americano de renombre internacional, Luis Alberto Ambroggio reside desde 1967 en el area de Washington, DC. Es autor de veinte libros de poesía, ensayos y narrativa publicados en la Argentina, Costa Rica, España, y los Estados Unidos. Miembro de la Academia Norteamericana de la Lengua Española, de la Real Academia Española y del Centro Americano PEN. Su obra ha sido traducida a varios idiomas e incorporada por la Biblioteca del Congreso en sus archivos de lengua hispana. *Poemas de amor y vida* (1987); *Hombre del aire* (1992); *Oda ensimismada* (1994); *Poemas desterrados* (1995); *Por si amanece: cantos de Guerra* (1997) y *Los habitantes del poeta* (1997) son algunos de los títulos de su vastísima producción. En 2004, recibió el Spanish TV Award por sus composiciones cuyo tema principal es la soledad. Entre sus últimos libros figuran *El testigo se desnuda* (Puerto de Alcalá, 2002), que fue elogiado por publicaciones en Europa, Estados Unidos (*Diario de las Américas*) y Latinoamérica; *Laberintos de humo* (Editorial Tierra Firme, Buenos Aires, 2005); *Los tres esposos de la noche* (2005); *La desnudez del asombro* (2009) y *El arte de escribir poemas* (2009). También en 2009, la editorial Cross Cultural Communications publicó *Difficult Beauty: Selected poems 1987-2006,* antología bilingüe editada por Yvette Neisser Moreno, con introducción de Oscar Hijuelos (Premio Pulitzer), nominado para el premio Puschcart y el Premio Nacional de Traducción, y en el 2011 apareció *La arqueología del viento,* traducida por Naomi Ayala *(2013 International Latino Best Book Award* en su versión bilingüe*)*. Además, Ambroggio ha sido editor de varias antologías, entre ellas: *Al pie de la Casa Blanca.*

Poetas hispanos de Washington, DC, en 2010, *De Azul a Rojo. Voces de poetas nicaragüenses del siglo xxi* (2011) y *Labios de arena* (Nicaragua 2014). Por último, vale destacar los volúmenes de crítica de Mayra Zeleny, *El cuerpo y la letra: poética de Luis Alberto Ambroggio* (2008), editado por la Academia Norteamericana de la Lengua Española y el de Rosa Tezanos-Pinto *El exilio y la Palabra. Trashumancia de un escritor argentino-estadounidense,* publicado por Vinciguerra Ed. y el Centro de Estudios Latinos de la Universidad de Indiana (2012), como así también la edición crítica de su *Obra Poética 1974-2014, En el Jardín de los vientos* llevada a cabo por Carlos Paldao y Rosa Tezanos-Pinto y publicada por la Academia de la Lengua (elegida como uno de los mejores libros de 2014 en Argentina por Infobae). Ha traducido poemas de Shakespeare, Dylan Thomas, D.H. Lawrence, William Carlos Williams, entre otros, y ha publicado la edición bilingüe (Español/Inglés) de la poesía selecta de Robert Pinsky, *Ginza Samba* (2014): http://es.wikipedia.org/wiki/Luis_Alberto_Ambroggio

Sobre el traductor

Brett Alan Sanders es un traductor literario, escritor y maestro jubilado que vive en Tell City, Perry County, Indiana. Entre 1991 y 2013 dio clases en español e inglés en Perry Central Junior-Senior High School donde, empezando con el año escolar de 2004-05, también patrocinó un club literario extracurricular y ayudó a iniciar la revista estudiantil de literatura y artes llamada *The Jolie Rouge*. Obtuvo un bachillerato en español (con estudios secundarios en inglés) en Indiana University y un MALS (Maestría de Estudios de Artes Liberales) en la University of Southern Indiana, donde es coganador del Premio del Ensayo Louis Schewe 2005. Ganó segundo lugar en el Concurso Memorial del Ensayo Personal Eugene England 2006. Es miembro de la Asociación Americana de Traductores Literarios (ALTA). Sus traducciones del español han aparecido en una variedad de revistas incluyendo *Chelsea*, *The Saint Ann's Review*, *Artful Dodge*, *The Antigonish Review*, *Stand*, *Event*, *Contemporary Verse 2*, *Hunger Mountain*, *Mudlark: An Electronic Journal of Poetry & Poetics*, *Rosebud* y *The Cincinnati Review;* en una edición bilingüe por Host Publications del libro de poemas en prosa de la escritora argentina María Rosa Lojo, *Esperan la mañana verde (Awaiting the Green Morning*, 2008); tanto como en la primera edición en inglés, por Aliform Publishing, de la novela premiada de Lojo *La pasión de los nómades* (*Passionate Nomads*, 2011). El ensayo de Sanders llamado "Sobre el arte creativo de la traducción literaria" aparece en la edición de otoño 2010 de *Confluence*. Sanders también ha sido escritor colaborador en *Tertulia Magazine*, donde por "Tertullian's Blog" escribió la columna ocasional "Arte Retórica", tal como en *New Works Review* (donde posteriormente trabajó brevemente como editor) y en *The Quill & Ink*. También ha publicado trabajos originales en otros medios de internet incluyendo *River Walk Journal, Passport Journal*, y *Potomac: A Journal of Poetry and Politics* y en medios de prensa tales como *Dialogue: A Journal of Mormon Thought*, *Spectacle*, *The Journal of Graduate Liberal Studies* (ahora *Confluence*), *Insights*, una publicación de la Sociedad de John Dewey, y más recientemente en la antología de Fabula Press *Aestes 2014*. Su novelita para Jóvenes Adultos *A Bride Called Freedom / Una novia llamada Libertad* se publicó en 2003 en una edición bilingüe por Ediciones Nuevo Espacio; en 2005, en el Congreso histórico/literario "En tiempos de Eduarda y Lucio V. Mansilla" patrocinado por la Junta Provincial de Historia de Córdoba (Argentina), presentó una conferencia —posteriormente publicada por esa organización— de la traducción española de su ficción por Sebastián Bekes. Sanders produce un blog en (y se puede hacer contacto por medio de) su website: www.brettalansanders.wordpress.com.

We Are All Whitman

By Luis Alberto Ambroggio

Translated by Brett Alan Sanders

Prologue

He himself, Whitman, lent me this daring. It is born of his insistence. Nor do I usurp anything or anyone. I join with Pedro Mir when he rhapsodized:

No, Walt Whitman! Here are today's poets,
today's laborers, today's pioneers,
today's agrarians,
risen up in strength to justify you![1]

But from these ontological depths I want to go further. The dusty immortality of the life that the son of Manhattan sang, in his openly incautious epic of lyricism, is today eternal and belongs to me and to everyone in me. In making it all mine I also take upon me Rubén Darío, his admiration for your democracy and your humanism; José Martí's reverent affinity and heartfelt sincerity; José Santos Chocano's mistaken imitation; Pablo de Rokha's vehement and "broken" protest; Langston Hughes's disinvitation. In spite of all demands on yourself, you are in everyone and in me: I embrace you enthusiastically as the haughty prophet of natural and human liberation, teacher of emanations, semidivine indestructible vagrant. I translate myself and translate you, I incarnate myself and incarnate you, I sing to you and to myself with Jorge Luis Borges, Federico García Lorca, León Felipe, the Uruguayan Álvaro Vasseur, Concha Zardoya, Pablo Mañé, José Valverde,

[1]Translator's Note: The translations of this and other texts cited in the prologue are my own, with the exception of those by Whitman himself in the *Song of Myself* and as otherwise noted.

Francisco Alexander. With Neruda's obligation I sense in your "impure" poetry the egalitarian; with Borges, the mystic; with Octavio Paz, the liberal democratic contrarian; with Mauricio González Garza's Manifesto of Destiny, I stir up the "racist, imperialist, anti-Mexican"; with Darío, the "grand old man, beautiful as a patriarch, serene and holy." In the end, with my friend Fernando Alegría and his fellow Chilean Gabriela Mistral, I give myself over to the many-sided genius with which you conjure us in your Song.

We are all Whitman.

I repeat, like you, the pleasing and daring promiscuity of the Self in everyone and everyone in the Self. Also my own Self that soldiers on with humble pride in the Hispanic presence and poetry in and of the United States. Because Whitman, despite his incongruent youthful support for the Mexican War, possessed me and flung me into speaking of "our nationality's Hispanic element" and affirming without hesitation: "The Hispanic character is going to furnish some of the most essential parts of that complex American identity. No origin reveals a greater retrospective view—greater in terms of religiosity and loyalty, or of patriotism, courage, decorum, gravity, and honor [. . .] In respect to our Southwest's Hispanic origin, it is undeniable that we have not even begun to appreciate the splendor and the exceptional value of this ethnic group. Who knows if it, like the course of an underground river that trickles unseen for a hundred or two hundred years, won't emerge now with a more extensive current and abiding motion?"[2] This experiment in Spanish, from Whitman, from his *Leaves of Grass* and his *Song of Myself* (to his Self or to my Self), arises from this group.

We are all Whitman.

Because these texts (a minimal number out of a thousand shoots) are born not only from his text, and from my own and others' multiple readings of his text, but also from the song's

---

[2]Whitman, Walt. *Prose Works*. Philadelphia: David McKay, 1892. [Translator's Note: Back-translated here from the Spanish text.]

intrinsic multiplicity and from the 104 essays on the 52 sections of the *Song of Myself* that the University of Iowa entrusted me to translate. Those essays positively inspired this new creative reincarnation, a mistaken one, perhaps, though joyous and without the slightest intention of infidelity, quite the contrary. It bursts forth from the first fruits of Whitman's poetic work which lacks all boundaries: the texts never close, they write themselves anew, create themselves anew, so that we all give shape to their center and origin. Paraphrasing the genius of Borges's *Ficciones*, here literature copies history and history copies literature with the elegant nerve of Pierre Menard, who boasts of being a living Quixote, because:

We are all Whitman.

Whitman and Borges would forgive me the irreverence. More than that, they justify it when in his own poetry Borges sings that Whitman took the "[. . .] infinite / resolution of being all men / and of writing a book to be all men."

In contrast to this expansive attitude appear those who, quite unlike Whitman, in order to exalt or to convince themselves that they are someone, feel an unfortunate need to diminish others. Only pretending to fairness and balance, they exclaim that the other is nothing or no one. But Whitman, "the friendly and flowing savage," was much wiser and had already proclaimed to me in his verses, to me and to everyone, that we are one in all and all in one; hence the song and the celebration. How contemptible and vile is the mortal sin of envy! Wise and good are they who avoid it and sad those who succumb to its trap of ill repute. Even sadder is to make a professorial chair of their diseased perception and of the established canon. In more than one way we are, perceived correctly, fictitious. Reality constitutes its own irreversible punishment. Robert G. Ingersoll and Ezra Pound support this position whenever, never mind their errors and my own, they speak ironically of Whitman. First, Ingersoll, making the point that Whitman did not accept a creed because, although he was an old man full of wrinkles and had a great white beard, he understood very well that hypocrisy, while it often had a venerable demeanor, relies on appearances, masks, and fear: on stupidity. And Pound as well, who described himself as "a Walt Whitman who has learned to wear a collar and a dress shirt (while at times inimical to both)."[3]

Because Whitman, the universal, brilliant, imperfect man, is something else, lives in a different way, breathes earth, air, horizon, and ocean, everyone's and each one of the same substance, within himself. We are all Whitman. He, everyone, and I:

> I am of old and young, of the foolish as much as the wise,
> Regardless of others, ever regardful of others,
> Maternal as well as paternal, a child as well as a man,
> Stuff'd with the stuff that is coarse and stuff'd with the
>   stuff that is fine,
> One of the Nation of many nations, the smallest the same
>   and the largest the same,
> A Southerner soon as a Northerner, a planter nonchalant
>   and hospitable.[4]

Paradoxically I am writing this aboard an airplane belonging to Oneworld Alliance: the faded illusion of a work of propaganda. But that is how I disseminate these disorderly, uncommissioned, missionless verses; drops of blood, semen, impulses, explosions, flowery effects of making love with an imagination that seduces me with its exciting promises of life, me and everyone in me: with everyone, without distinction, in me, I search, take risks, liberate myself, ask, without extravagance, in heaven and on earth, beneath sun, stars, and other shared atoms. It is Whitman's magic, his caricature, that in this ambiguous and inclusive dust, its athletic and multiple democracy, has again fascinated me. Reality's mystery imposes itself on individuals and, through them, on the universal present which if it weren't for abuses ought to be the fount of happiness; so I grant myself the right to search for collaborators on this savage yet apparently civilized earth.

---

[3]Pound's precise words downloaded from http://thehypertexts.com/WaltWhitman%20Bio.htm.

[4]From section 16 of the *Song of Myself*.

Whitman has once more convinced me that writing is one of my consorts, though whether in return I will make such a good lover is hard to say. Others, in the end, will gossip over unravelings of love and death, the menu's array of delicacies. The bearded prophet, visionary, has liberated me from the cloistered works in every sort of canon; I participate in his call to rebellion and continual flight toward his rooted, sensual, erotic, brave, and transformative lyricism. I graft myself onto him, onto his sea of inclusive lists, with the flowering lilacs of Harold Bloom and those of Johann Wolfgang von Goethe, William Blake, William Wordsworth, Friedrich Hölderlin, Percy Bysshe Shelley, John Keats; and I fall beguiled, not wanting to flee their influence, on Allen Ginsberg, Hart Crane, D. H. Lawrence and his spontaneity, T. S. Eliot (leaving aside his impersonalism), Wallace Stevens, William Carlos Williams and his narrative, John Ashbery. He carries me to transcendence with Ralph Waldo Emerson, Thomas Carlyle, Jean-Jacques Rousseau, and other Romantics.

Thank you, Cosmos, son of Manhattan and of Camden: here is my call in the crowd's midst, celebrating and breathing, ceaselessly, your own verses: "And what is reason? And what is love? And what is life?"[5]

As we live, sing, and suffer, trying to flesh out experiences and words through dialogues, as we enjoy freedom, peace, and democracy, celebrating today and always the answers to those questions:

We are all Whitman!

L.A.A.

Washington D. C., December 31, 2013

[5]From section 42 of the *Song of Myself*.

Acknowledgments

Without creeds or schools, I give thanks to the divinity of the universe that I breathe. To Walt Whitman for living it and creating it anew. His are the citations in the cloth of my poems, the majority of the epigraphs, those beautiful italics with which I have wished to sow my verses. To Martí for his contagious enthusiasm, to Darío for his Ode, to Borges for making Whitman present after Camden and to my eyes.

I give thanks to the University of Iowa which submerged me in the translation of the essays on the *Song of Myself*. To Ed Folsom, co-director of the Whitman Archive, and his 52 prologues; and to Christopher Merrill, director of the International Writing Program, and his 52 epilogues; to Nataša Ďurovičová, the editor of this page; to Matt Cohen, with whom we digested the poem in Spanish; and to the anonymous individuals who nourish Whitman's page through the whims of the internet: these essays, aside from the poem's own rays, literally inspired my verses. To Jill Stagg, activist of eloquent diplomacy for the culture that I share and that grafted me into this project.

Thanks also to those who previously published some of the poems (*RANLE*, Revista de la Academia de la Lengua Norteamericana, and *Alba de América*; in the end, too many to name); to those who reviewed the texts (Dr. Rosa Tezanos-Pinto and Dr. Carlos Paldao); to my parents, who are still living, and to my family and friends; in the end to "life which has given me so much," as I sing with Violeta Parra and Mercedes Sosa. To the editors, Jeannette L. Clariond and her team, as well as Dr. Nicolás Kanellos, the University of Houston, and Arte Público Press for the bilingual edition. To Brett Alan Sanders who reincarnated me in Whitman's language. To the readers and their potential approbation or other solace in the sarcophagus of existence and of the page, which transpire beyond all of life's complex vanities and anomalies.

Translator's Note

When I began working with these texts, the first thing that grabbed my attention was the pre-existent intertextuality between Whitman's nineteenth-century American English and the various Spanish-language translations that Dr. Ambroggio consulted while creating his poetic homage to Whitman. This is most evident in poems 1 and 52 which, except for the brief corollary that constitutes an extra poem at the end, serve as bookends upholding the new work. But it is also evident in the shorter, italicized citations within Ambroggio's texts.

The obvious solution is simply to locate Whitman's original phrasing and apply it to the passage in question. That itself, in respect to the more obscure and loosely translated passages, is difficult enough; nevertheless, that is precisely what I ended up doing (to the extent possible) with these shorter intratextual passages and the epigraphs that accompany most poems. More interesting, though, is what to do about the longer passages which are originally rendered from English to Spanish by León Felipe, most prominently, and also by a variety of other translators from Borges to Ambroggio himself. I asked myself, in the first place, what if I were to re-translate from the Spanish backwards into English, creating in effect an updated and re-visioned Whitman? The mere suggestion seems almost blasphemous: to dare tamper with the master's text! Yet the act of doing so on a small scale, I reasoned, aside from a mental exercise for the translator, could also suggest to readers (or remind them) what is really involved in the act of literary translation. It could stand as a witness, I thought, to the important and seldom considered role of the literary translator, whose work itself is an art form and in many cases is the only form in which we can read a text. It could serve to illustrate that, since it is an art, there can be nothing as facile as a single correct word-for-word correspondence between languages. And that to look back, in the present context, from these English-to-Spanish translations to Spanish-to-English is not necessarily to return to Whitman's original words.

Consider, in this context, Pierre Menard of Borges's famous story: Menard presents himself the challenge of re-creating the *Quixote* from his own experience, exactly as Cervantes wrote it but from the altered perspective of a twentieth-century French symbolist, by that means simultaneously creating a text whose words are identical to the original's but whose meanings have utterly changed. What I proposed here, in contrast, was simply the more modest challenge of arriving *toward* Whitman's original text, with some of the same and some different words as well as the same and different shades of significance. A modest charge, perhaps, but one that continued to tempt me.

I started with the original unmodified text, however, afraid of giving in to what might just be a foolish temptation. But something about the text, as it sat there, felt wrong to me, incongruent. In the end I concluded that it was Whitman's rugged syntax striking a discordant note, here and there, whereas in Ambroggio's book his own voice blends more felicitously with the combined voice of Whitman's translators.

On the whole this may be a question of emphasis more than grand alteration of meaning. But poetry, more than significance, is intuition and feeling, and what I call discordance a matter of intuition, as well. Others will judge how well or how poorly I have succeeded at this experiment and with the larger translation. The act of working on the project, in any case, has been a tremendous pleasure.

Beyond that I owe a great debt of gratitude, for their careful reading and critiques of the manuscript, to Dr. Rosa Tezanos-Pinto of Indiana University-Purdue University at Indianapolis; as well as to the poet himself, Dr. Luis Alberto Ambroggio, for the opportunity and his confidence in me to translate this important work; and to Christopher Merrill for some very useful insights at the end. Their advice and counsel have made the translation better than it otherwise would have been. Any error or imperfection that might remain is my own.

We Are All Whitman

1. What Is the Grass?

Song of Myself (6)
Walt Whitman,
[From León Felipe's translation]

What is the grass? a child said, fetching it to me with full hands;
How could I answer the child?
I don't know what it is either.
I guess it must be my love's flag, out of hopeful green stuff
woven.
Or maybe it is God's handkerchief,
A scented gift and remembrance designedly dropt,
Bearing the owner's name
or initials
somehow in the corners.
Or perhaps the grass is itself a child,
the vegetation's newborn.
Or is it a uniform hieroglyphic whose meaning sprouts every-
where:
in broad zones
and in narrow,
among black folks
and white,
so I can give them the same
and receive them the same?

2. Song of/to/My/Your/Self

What I assume you shall assume.
Walt Whitman (1)

This Self—Hispanic, Latin, blond, black,
olive-skinned, native and immigrant—
dispersed far and wide
was here with everyone, yesterday and again today;
today and tomorrow; does not stop,
virginal atom of nakedness and dust,
of Manhattan's universal son
the uncaged cosmos
and the echoes' whirlwind.

Child with the wisdom of questions,
offspring of poor and rich, of lettered and unlettered,
of rails, planting times, classes and cares,
which will sprout, embodied, with nothing forgotten,
seed in its newly bloodstained earth,
which gathers hands, pupils, voices,
the savor of oceans,
the smell of sweet jungles,
God's pollen, days and nights
at center of the Self that dances with many,
men, women, young people and old
in the light of the infinite's furrows,
with open hands, without walls,
free roots of mine and everyone's
at the foot of the song

that now celebrates
without *creeds or schools*.

With all the colors that stir up their race,
Roman, Celtic, Hebrew, Moor,
Hispanic, Aborigine, with kingdoms of multitudes
fresh in the tree of life.

Grass, girl or boy child, suppliant germ
of love and timepieces in the atmosphere,
God of the promise and the future,
modern and ancient in the new people,
come and gone from among the old people,
humanity's heart in the moon, hands' mirror,
the breath of syllables.
Because it is voice, hum of green and dry leaves
that loves equally,
in the color of its time, the park that is, am,
are, today, here, yesterday and forever,
the mystery's imprecise territory.

This Self is Puerto Rican, Chicano,
from Cuba free dancer of merengues,
from Santo Domingo and all the Caribbean,
from El Salvador and Nicaragua.
It comes from Mexico, Central America,
from Costa Rica, Tikal, Guatemala,
from their rainforests, lakes of salt and honey,
from Panama, Colombia, Peru and Venezuela,
the corn crops of the Argentine pampas,
Chile's veins of grapes, Bolivia's reed flute,
from the Mayas, Quechuas, Aztecs, Incas,
from the Guaranís, from the Amazon, Ecuador,
from the Uruguay of the Charrúas and its shores,
gauchos, criollos, Europeans, mestizos,

mulattos, the fair-skinned, Turks, Asians, Syrian or Lebanese,
waifs, streetwalkers, huddled masses of Latin America
with their many names.

It is harassed and startled by propellers and shrapnel,
by ashes and the hammer's hard-won pennies.
Boss and day laborer; still the job's slave,
painter of trenches, resourceful creator of roofs, pavement
on the agony of yesterday's blood and the even-now
of the Monday of beginnings and the Sunday of holy days.

It is expressed and is not expressed by welcomes,
the yowls of rejection and the sunless silence
of indifference, every day, gray hands.

It belongs to family and sometimes they invite it, other times
exclude it
from family suppers and their menu of dawns;
when the assemblage is gathered, they have become used
to its only cooking, serving, or cleaning up after the meal.

It suffers now, and in the next gust of wind, the discriminating
smoke
of random breath, for good or bad of those
who intoxicated breathe ignorance or haughtiness
without clusters of stars, mountains, heavenly clouds,
wellsprings of gifts and of meadows.

The dream of your creation, fatherland of many fatherlands,
at the same time defined and disturbed
in the ferment of capricious laws
that attacked freedom and happiness in their path
and the paths of all who signed your articles.

It likes and does not like the words, the eve
of silences, words dyed in the antagonism
of empires and conquests, welcomes, coffins and slights,
gold pieces received and robbed.

They will not destroy this Self, although it be teacher or student,
follower or leader. They tried without luck
because history and its soul, to which we belong
and it belongs in this cloth of substances and times,
do not allow it.

I am large, I contain multitudes.
They will not manage to deny me or ignore me or declare me
undocumented:
I am written in you, in all,
as all are in me,
in clay and in the breeze's gentle sky,
in the delightful meaning of your body.

With the people's wise voice, it complains and does not complain.
Like everyone, it triumphs in its defeats and loses, sometimes,
in the victories of bridges,
because the shank's good fortune carries it inside
and outside of agony's navel.
It sings with the voice of ravaged fields,
the sweat of stria and its gifts,
the robust and oppressive body of cities.
It aims to be the river's voice and not only of the forbidden,
but also strictly unknown voices.

It would not wish for entrance to a forest
whose roots it must avoid.

In everyone's Self,
the poem's universal soul,
in each innumerable Walt Whitman,
cosmos without rubrics,
wave among waves, shared worlds
inside vibrating yellow,
I dance, I smile, I cry:
I celebrate myself, and sing myself.

3. Human Identity

To the visionaries

I see in your body
the universe of a story,
the geography carved out
of many conquests and defeats;
in the glory of your eyes,
the furrows with your sowing,
the smiles and tears,
I see the customary horizon
of love and of losses,
the bittersweetness of success,
the dolorous hope of failure.

I see in your body
– rambling through nature,
city, mountain,
field of life—
death's footfall
and your pupil's breath,
man and woman, young and old,
essence of multitudes,
anonymous gray alongside the cry
of a known name.

I see you in a body that embraces
time and eternity simultaneous,
at daybreak, at dusk, sun, full moons
and their expanses of light, darkness

in a lineage at once restive and serene,
liquid borderless heart.

I see in your body
race and the absence of races
exhaling without immoderation
the blasphemy of prejudice
and its blessed condemnation.

You are every man, every woman, in one,
the wondrous world of the Self,
united and scattered,
by the same invitation:
summoning of opposites
that define you,
as they define me
and everybody else
existing in me and out of me,
in the incessant dissevered soul
of the jam-packed and lonesome street.

4. Filaments

I believe a leaf of grass is no less than
the journey work of the stars.
Walt Whitman (31)

That tenuous conjuring of things,
grass, earth, sweetheart, birds,
felicitously attenuated horizon,
foretaste or epilogue of rain.

The smoke of my own breath,
the scented beating of the chorus,
membrane in the mouth
that worships the consistency
of the fragrance of kisses,
melodies, body that flows
in small golden dialogues,
urges of reiterated purity
of an unsettled air
fill roads, fields, urban projects,
houses, barrios, streets, districts, suburbs:
the refurbished lung of the people.

5. Woven Cloth

Lack one lacks both.
Walt Whitman (3)

Organs, individuals,
composed of differences,
are driven to weave other entities
of joy into the fever of the eternal now.

You are not lost to me in life; I am not lost to you
in the unity of the point that embroiders us
here in the in-and-out of needle and hole,
where blemished flesh bellows,
outspreads, beyond the rocks.

Cloth of forests that talk,
drops, molecules, faces, and deliriums
populate and will populate the earth.
Threads of blood, names and other sketches,
their jungles, mines, seas, caverns, cities
are the abundance of their permanence:
all in me and I in all;
a savage tunic of wonders.

6. Eternal Coitus

A kelson of the creation is love.
Walt Whitman (5)

Soul copulates with body
and body with soul in an everlasting I.
Passion is resolved in the union of paths,
produces descendants out of identities
body ceasing to be dead matter
and soul the nakedness of a desire
because with jubilation the body gives it flesh.

I reveal myself to erotic nature,
to the page's fermentation,
to readers who set me on fire with their eyes,
to men, women, lovers, brothers and sisters,
with whom I am born, die, and return,
baby, multitudinous grass, from the universal lap
I shoot up with the reclaimed man's tender and insinuating
assurance, hope's verdure; the soul *loafing on the grass*,
beyond corpses, discolored eulogies,
I live without dying, I die without dying,
in the voluptuous persistence of youth,
eternal coitus that gives birth to us
and upholds the mist of paradise.

7. Conversion

For dust thou art, and unto dust shalt thou return.
Genesis 3:19

Happy with my dust
of origin and destiny,
rich in the nakedness of all.
What I see, what I touch, what I smell,
what I hear, what I eat,
innocent conduct of the senses.

I am fruit and flesh,
ocean and tear,
in the strength of the universe
which I consume and which lives in me,
as I will live in others,
particle of everything
after death and its ashes.

Ancient and renewed augury,
I change from night to day
in the time it takes me, with a beginner's
trembling, to produce it,
without apologies for the clay
that I was or the fertility
of ecstasies that decipher me.

I do not shine like a stiff museum piece.
My body reproduces a flowing
of past and future,
conception's chaos and its conquest,

in the perennial conversion
of life's questioner,
with his smile, a rottenness
within the multitude that inhabits me,
celebration of my song
given new birth, reborn
years ago and always
with knee unbent.

8. Infinite Leaf

I know the amplitude of time,
said the white-bearded old man, son of Manhattan,
the individual's cosmos that he sang to all of us
within himself, Walt Whitman, of the boys,
the woman, the bedfellow,
song of grass.

I know the amplitude of time,
the horizon's daily conjugation
in the green of today and always,
the compendium's elemental smile.

I am, we are, all of us in being,
one and infinite.
Behold the lineage.
Is there anything else to be said
that surpasses the eloquent reverence
of eternal silence
or our glory's
absolute bliss?

Finally I feel
the errant beauty of existence,
without entanglements.

9. Wonder

That mystic baffling wonder alone completes all.
Walt Whitman (23)

What a delight to entertain
the delusion of the wonder
that makes us equal,
upon being all of us,
at the same time,
body and soul,
large and small,
important and insignificant,
rich and poor,
black and white,
bosses and laborers,
old and young,
births of scattered atoms
united in one
and one in all that is scattered,
citizens and foreigners,
in the embrace of light and of shadow,
the lightness of a kiss,
the trilogy of beginning,
end, and their summation,
in the reality of life
which with love in the air
dies at birth
and in death revives.

10. Ode to the Devil

Might the devil be
the most divine of creatures?

To hide the rebellious harmony
someone had to be born condemned
to the opposite.

But at least he knows who he is
in the society of imperfect union
and accepts with integrity his dark role
in the dualism's curse,
without disguising himself hypocritically
as an angel, of those with halo
who commit devilries
even in the name of God
and other habits;
they kill, for example,
beneath the shield of peace;
or stir up infernos
with *Te Deums* and other beating
of chests, sabers, words
or other unappealable privileges.

How happy I felt
as a child when,
telling the tales of my roguish deeds,
they called me a little devil!

And at the same time
they affectionately called me "Angel."
Innocent I seized the paradox
of the two within my body's one
before the complicit smiles
of my creators.

11. "Where did music come from?"

C. K. Williams

To ask myself: What am I? Who am I?
and in the fog of insomnia,
reveal within me the verse's new growth
that intuits the falsehood of perfumes,
that guides the sound and wings
of the alphabet's fragile birds,
so I can pour out my complex entity,
that wonder which I observe and in which I participate
with the dictionary of my days,
the game, quagmire, agony, dream,
the dark beaches, everything that encircles me.

Savage, amazed and immense, like Whitman,
I sing the jubilation of my unity
within the diversity that runs through
and inhabits me, melodiously, defying
with the rebellious music of myths.

12. "The living sleep . . . the dead sleep for their time"

Walt Whitman
(15)

To sleep like a child
with spontaneous and innocent dreaming
without the edges of outcries or obligations,
soul naked and whole,
after the play of hours and their mischief.

Also to prolong sleep
with the excited carelessness
of an adolescent boy or girl,
divine bodies with waistlines
and undulations that sing.

Also to reconcile it
with the passion of man and woman,
oil and hammer of kisses,
conjugating legs and lips
in the contented profundity
of movement.

Also to rest
in the dismantled space or on the weight
that I unload from my shoulders
as far as the earth's respite
beneath the tenderness
of a tranquil street lamp.

While the countryside, the city,
the living and dead sleep,
I am scared of drifting off carelessly
within night's shroud,
just because of the weakness of eyes, ears,
the dark resignation of muscles,
head spinning in the void, not to mention the moment's
surroundings and other deliriums and colors,
with a perfect corpse's darkling resignation,
a rock that neither breathes nor listens to
the touchstones of life,
morning's mist,
fortune of the gift without absence.

With the dead and the living
I was, am, and will be sacred in dreams.

I undermine destiny's outrage.

13. In Love with the Cosmos

Something I cannot see puts upward libidinous prongs,
Seas of bright juice suffuse heaven.
Walt Whitman (24)

What infinite pleasure
it gives me to make love
with earth and ocean
outside of doors or walls
that would hide the secret!

In the miracle's freedom
contained in my appetite
something I cannot see puts upward libidinous prongs,
seas of bright juice suffuse heaven.

Lost in the unconquerable splendor
of space in sweetness lifted up;
it is no longer desire or abstinence
but the taste of the whole instant.

14. Words

Speech is the twin of my vision [. . .]
I carry the plenum of proof and everything else in my face.
Walt Whitman (25)

With syllables I inhale and exhale
the bewilderment of a world
which embraces everything, without distinction,
small and large,
what the heaven of my eyes absorbs
and my voice, divine waterfall,
with sighs, recreates.

Irradiations of the now and its existence,
twins' smiles,
(vision and speech),
playing at the mimicry
of the inside and outside
of our maps,
with joy, struggles, and weeping
that overtake, reincarnate, and express
the nearby and infinite volume
of the mystery's fount.

Perception and response
in the everyday flowering
of light and of life:
the "Oh!" spelled out,
like the flesh's lamp,

with throbbing, pain,
the flaming enunciation of being,
its surprise and its shout
delicately expounded.

Word and vision,
docile creation of sketches,
with them I go out and return.
What I am, they carry.

15. Noonday Hymn

To eat the warmth of its blue,
the golden center of its feathers,
allegro in the timetable's stave,
without abdications.

Valor climbs it
by the hours' bones;
it reconciles the two worlds
of the sun and its route.
A statue brightens
the summer's scribbling.

The glance's insatiable bowels
lunch on sprouts,
the day's flavor.

I confess that my hymn
is hungry for memory
and for desire,
its radiant branches.

16. Master of the Senses

Am I my senses' Self
or do my senses possess me?

Do you possess the world by means of your senses
or does the world possess you by means of the senses?

Unsettled and calm
they ask or prove for themselves,
they enjoy, they suffer
reality that enamors,
warms, satisfies, wounds
the water's eye,
the wind's moans,
deliriums' vertigo,
the liquid heat of the rosebud's lips,
flavors of sugary enigmas,
which never fade.

My body and I are their masters,
although they give me life
on the skin of the earth's light
and the soul breathes them.

17. Touch

Straining the udder of my heart for its withheld drip.
Walt Whitman (28)

Touch me so that you pierce me
and I make you quiver.
I touch you with my eyes, with my ears,
with my hands
and celebrate with my sense of smell
the aroma of your presence in me,
in the us of our fortune
with and without skin,
with and without voice,
with and without importance.

Reconcile contact, homeless
shelters, silences, distances,
enmities, displacements, afflictions.
Milk me with the physicality of a caress,
a massage, your whole body.

Know my body,
harvest from my tepid orchards
your rainforest's seed.
Roam through my reliefs,
reefs, my altar's songbook
which adore you and celebrate you
exuding with my festive breath
your fiery sky.

On touching me, touching you
I build myself anew,
I abandon myself
in the other identity
that I create and that creates me.

I merely stir,
press, feel with my fingers,
and am happy.

18. Dark Hush

Every condition promulges not only itself, it promulges what grows after and out of itself,
And the dark hush promulges as much as any.
Walt Whitman (45)

The distended sound of the future
beyond night.
Call thou the sun with signs.
Dazzling they proclaim the hush's
portent and its language,
within and outside of me, of everyone,
above, below, behind and out front
like the dance of hands,
of rivers and breezes.

Thus do the heart's lips expand,
touch, and provoke caresses
received from the universe
and its invisible lovers.

It is not worth the trouble to recount a history
or speak of Jupiter, Zeus, Quetzalcoatl, Jehovah,
Osiris, Isis, Baal, Brahma, Buddha,
Allah, Odin, Mexitli, or other sketches,
to the south or north of Aztlán
or that rapture in the twilight's wound.

Each one of us is the legend
in silence's lap.

Do not imprison the void within you.
Open the doors instead
for a multiplication of lips
that inhabit the air
and never die.

19. Matrix of Shadows

That shadow my likeness [. . .] O I never
doubt whether that is really me.
Walt Whitman (*Calamus*)

I spell out my image with shadows,
inward looking and outward.

The world's corners populate themselves.

With the opaque energy of clay
bodies ignite.

The hush of useful pieces of marble
pronounces my secret and public Self.

I am provider and apogee of each one.
I go out, I leave, I return, and I question myself
on the gray diversion
of an emblem without precedents
with solid nature and its mists,
with a freedom that wears us out,
with the overwhelming nakedness of living creation
and the fecund banquet of death.

Putting myself here and now to the ambush'd womb of the shadows.

20. Moisture's Rhythm

Dash me with amorous wet, I can repay you.
Walt Whitman (22)

I integrate myself with the *amorous wet* of your body
carrying my soul which urges your torso to join mine,
both of them and a universe's chaos absorbed
into each one of the five or more senses.

You, bare-breasted night,
pressing toward the proximity of the conflagration,
pour out a passionate rain
upon the land that takes you in, my land,
coast and trees full of bodies
with twenty-eight new sighs,
rocking the melody of the sea's arms
and its liquid that possesses us; the seeds' frenzy
and pleasure's pollen
penetrate our pores.

I would never choose to dry myself off with the poetry of enmity,
even though the ebb and flow demand it of me
in their withered daze,
but prefer always to give back to the sea its caress,
that of its tides, watery fingers,
inflowing and outflowing of its vital current
beneath *the lull, the hum of its valved voice.*

21. The Body's Spread

If I worship one thing more than another it shall be the spread of
my own body, or any part of it.
Walt Whitman (24)

To stretch myself out on your body.
Outspread myself from head to toes,
from earth to sky,
from my body to yours, and to other bodies
with *libidinous prongs* that pierce the horizon
and turn loose *seas of bright juice*.

To outspread my body, its organs, naturally,
your organs too, in order to prolong the story,
the names, the vigor, the music,
that inebriated friction of instants.

The long neck and beak of the *timorous pond-snipe*,
emerging from its nest of *duplicate eggs*.
Your knolls stiffen so they can touch me
and with the raising of its thighs
the open relief of your door seizes hold of me.

Don't delay me. Do not delay me.
Don't delay the yearning to procreate
wonders, cradles, dawns,
the generous breath that overcomes us,
the flame of joined lineages,
the consummate sphere's habit,
figure of constellations and nebulae
in the conjuring of a limitless parting of hair.

No moderation can contain desire
nor voice attempt to measure it.
Beclouded volcanoes and avalanches of lightning
broaden the elements
when you *plunge your tongue to my bare-stript heart*.

22. Promontory

Blind loving wrestling touch, sheath'd
hooded sharp-toothed touch!
Did it make you ache so, leaving me?
Walt Whitman (29)

How curious the promontory
to which our excitement and delight carry us
with our erect organs!

There on the reef, height of the precipice,
point on which solid land
meets fluid ocean
and everything abandons us, leaves us
helpless to a red marauder,
as if the body, which defines us,
our complicit and unstoppable hands,
might deliver us to flames and ether,
ours and others' who attack us
stripping us of heart and senses.

Then belated remorse
or momentary desertion.

Alone, after copulation,
contact has opened the *floodgates*
for other invading stimuli to devour us.

Then after the pleasure of *a summit and flower*
there is the feeling they have for each other.

A jump into the void, ripping heart from chest
in its downward thrust of disenchantments,
how is it possible in the lap of such abundance?

Affection's equilibrium
is acquainted with ups and downs
but never indifference.
Only swift goodbyes
pursued by returns
in a meadow of prolific mountains.

The arduous promise of our arms
and our strength's incessant zeal
guide us to that promontory;
grain by grain, little by little,
kiss by kiss,
free of losses and shrouds,
we make it whole.

23. Miraculous Dung

Dung and dirt more admirable than was dream'd.
Walt Whitman (41)

Dung gives off
an *aroma finer than prayer*;
the miracle of flesh is renewed
when it dirties itself with ecstasy
or the sacred grime of work.

The dark fertilizer
of sweating armpits and breasts
covers vulva or clods of earth,
excites vessels of bones
and fanned-out traces of feet.

The ritual of transformations
quivers in its disheveled holiness.

Nothing arouses us anymore to fling off
our clothes unless to make love
with each of our clay-formed
members' omnipotent pores
and the aromatic libido of their appetites.

24. Empathy

Through me the afflatus surging and surging,
through me the current and index.
Walt Whitman (24)

With my voice, if any is left me,
I aspire to transfigure crude vitality,
index that includes the decent and the veiled,
grand and insignificant,
stable and fugitive, rich and indigent,
what embraces in its divine reach
all flora, fauna, and scents,
the truths of nights and stars,
mute, outlawed, or marginalized voices,
shared countersigns
in an incorruptible democracy
with the equilibrium of this Self,
underlying causes.

I want to connect one thing to another
in flowery combination, in the open air,
the handkerchief of the Lord which we embroider on our road,
the minute lullaby of its threads
that configure this Self of mine, which are you
which are the we
of the song that I commemorate and which inspires us.

25. Essence of Air

This is the common air that bathes the globe.
Walt Whitman (17)

I deliver myself
to the air's fondling,
the sun's skin
in all its eons
of surprise, of divine passion
of twilit pampering
before blissful rest.

In the night I kiss the moon
of your bare breast.

I love you and multiply you
as you do me with
the help of your touch,
the mountain of your body
so then I can breathe you
for the length of my tongue's
harvest, voice created,
that of our bodies,
of being, of insuperable nature
which nourishes us, keeps us awake
and in which we take delight.

Love of air in flower.
Honey of our bath.

26. More Twins

If I could not now and always send sun-rise out of me.
Walt Whitman (25)

"Get in touch." We put ourselves in contact:
in contact with the words of our hands,
in contact with the hands of our words.

One more pair of twins on our daily rounds
reclaiming sunrises.

I am used to your company
by day or in the intimacy of evening's wound,
beneath full moons or mutilated ivory crescents.
Two halves try their luck against death.

They smell the rain and eat the earth;
for generations they conceive
flower and cloud, crimson sky
in the residence of years.

27. Attending to the Almanac of the Self

Now I will do nothing but listen.
Walt Whitman (26)

Life conjugates me
minute by minute
and forces me to write
deeper than books,
classes,
the high priests of academia.

I spread the dye of living,
its calendar's blood
and the unique
almost indecipherable breath
of every pulse, instant,
that I hear joined
to *bravuras of birds,*
bustle of growing wheat,
gossip of flames,
clack of sticks
cooking my meals.

That's it; I listen to nature herself,
to the fascinating enigma that explains me,
to the luminous answers of fables,
not to canons
nor to phrases set
by the merchants of culture.

The map of my human gaiety
draws itself with life's gifts,
small or large
in the generosity of its almanac,
whatever sprouts without insisting or forcing
of births,
just the branching out of its smiles,
the sound I love.

28. Landscapes of Recompense

Parting track'd by arriving, perpetual payment of perpetual loan.
Walt Whitman (29)

Murdered by the fierce storm,
loud-edged lightning,
grass is bathed in the downpour's crystals
and, beneath the loan's dampness, flourishes.

Its abundant shoots and ecstasies
respond to touch which intensifies the promise,
the stem, multifarious profiles
in the joyous tumult of copulation,
the raised truth of another saturated dream.

Sun and night are accomplices
of drops and sighs, luxuriant landscape
of grass, corn, and wheat on their bed.

Render the throbbing's recompense.
It has no price.
It advances on life's blank slate,
without losses, with the enriching softness
of rains and their kisses.

Nature, the body's necessity;
it throws itself onto cottony grains,
poppies' red borders,
toward the ever-renewed horizon.

My father, orthodontist, ninety-five years old,
more than thirty great-grandchildren, no weariness in his genes,
informed me yesterday that he was again taking up agrarian
  labors,
with the lawn, in the house's welcoming patio.

One of the landscapes,
in my heart's
recompense.

29. Evolution

I find I incorporate gneiss, coal, long-threaded
moss, fruits, grains, esculent roots.
Walt Whitman (31)

Innumerable instants of births,
innumerable instants of deaths,
innumerable instants of daybreaks,
innumerable instants of stars,
innumerable instants of bodies
that *incorporate gneiss, coal, long-threaded moss, fruits, grains*.

What is the journey work of sprouts?
All is lost and recovered in the orbit of the new.

Pact of the verb that transforms.
Nature without check with original energy
exercises its varied,
free,
spacious,
unstoppable
act of presence,
exchange of open eyelids,
paradise that reclaims wonder,
the mountain with its white hairpiece
breathes the sky
and immerses its feet in the lake;
ants, birds, fishes, monkeys, cocoons
or others of life's names,
verses of sorrowless pregnancies
leave a trace of dust
proclaiming the elegy's failure.

30. Animal Song

I think I could turn and live with animals,
they are so placid and self-contained.
[. . .] They do not sweat and whine about their condition.
Walt Whitman (32)

Who does not marvel at the spider's creative saliva,
the ant's perfection,
the butterfly's unsettled elegance,
that the *running blackberry would adorn the parlors of heaven*?

I used to fly into high dudgeon
with the insult "beast";
now in my soul I honor it
in spite of extravagant haughtiness.

As when I pet Babe, my placid sheepdog,
my animal-companion,
who rejoices in my arrivals,
licks me in the solitude of time,
plays, begs, offers me therapy,
understands me, guides;
to the point, as he barks, of seeming to call out in a wondrous
language,
paying heedless attention to incongruent commands,
and at each goodbye howling his sentiments
with an authentic whimper.

Also my girlfriend's cat and T. S. Eliot's practical ones
pull it off with their spoiled ways,
the rogue Mistoffelees, mysterious
Macavity dissembling his smooth crime.

Our follies do not begin to match their stratagems;
they are all indisputable circus performers.

Recently in the zoo's theater
the audience enjoyed a sea lion's applause,
its ball-handling skills, and other acrobatics.

I witnessed, wonderstruck,
in the oceanic snow of the Patagonian Steppe,
a rage of penguins
and their solemn march.

We are touched by the mama's promenades with her ducklings
and the melody of puppy love still moves us.
Little rabbits with their ears' alert softness
share our patios.

The splendor of spirited stallions
fresh and responsive to my caresses,
with their bodies that *tremble with pleasure as we race around*
and return.

The Olympic kiss of Leda by the swan
revives every so often in a sigh.

The sublimity of eagle's flight.
It has been said that the poem is a bird,
the whole universe a *winged purpose*.

I wish, sometimes, to possess some of their gifts and talents.
They bring me tokens of myself,
they evince them plainly in their possession.

And you, eloquent Whitman, insist to us
that *a mouse is miracle enough*
to stagger sextillions of infidels,

that *the cow crunching with depress'd head surpasses any statue*,
that *what the oxen express in their eyes*
says *more than all the print I have read in my life*.

There they stand, with the donkey, in the manger.

They accept what they are and what they have
with neither resentment nor complaints.
They don't need mirrors to fashion their beauty.
They live naked, unshod, in the hours' Eden.
They sing the breaking of day with a trilling not learned in
school.
Elk and other species snort when surprised
or watch you without fuss, contemplating your presence.
They move away, peaceful, toward forest and the wisdom of its
trees.
They comprehend their place in the vastness of the universe.
They sleep in peace. They don't trouble themselves over blame
or sin;
nor worries about money
or the corruption of more distant ambitions.

They seem contented in their proper niches
of plants, earth, air, fields, and rocks.

Who would not trade their qualities
for some human ones that afflict us?

What library did tigers' eyes or lions' noontide golden
color suggest to Borges?

31. New Faith

My ties and ballasts leave me, my elbows rest in sea-gaps.
Walt Whitman (33)

I look for neither bones
nor your burial place
because you live.
I have visited the house
of your birth.

Emancipated, I see and hear everything anew.

In the moment's restlessness
my youthful path
prefers nature to history
and the vision casts off all shackles.

I replace the dying pulse
with the throbbing of every object,
a spring of renewed blood.

Clouds grow with furrows of water
and indomitable I participate in the marvel.

I am a free companion.
It is impossible to enfold
the immensity of beauty.

Don't bury me in the debris.

32. The Divinity of Incarnation

Embody all presences outlaw'd or suffering.
Walt Whitman (37)

Now I feel that I embody a beatific vision.
It contains the universe of beings until their last breath,
the harvest of their skins,
the interminable choir of all their voices,
what constitutes heart, flesh, stone,
what pulsates in every atom.

I want the dead of always to quicken in me,
to repeat in me unceasingly the throbbings
of all bodies, their fields of grain, their souls
on the earth, in the heavenly firmament, in the ocean.

I want to feel that I incarnate all of them,
that I make them mine,
like the Nazarene
the leper and prostitute,
the good and prodigal sons,
the slave, the homeless and uncared-for,
those who suffer cholera, aids,
or other sorrow and punishment that banishes us,
whether vile or just,
great or small,
the fragment I absorb in my awakened wetness
and carry to the summit of existence.

I want to feel that I am the lover
who *lights on every moment of their lives*

without forgetting anyone
not even *the least wisp that is known*.

I want to laugh already *at what you call death*.

All in me is reconstructed.

To rock a child is divine.

33. Untranslatable

I too am not a bit tamed, I too am untranslatable.
Walt Whitman (52)

Untranslatable like wonder.
Untranslatable like rebellion.
Untranslatable like the inner place that breathes.
Untranslatable the deluded yearning,
the colloquy of eyes,
the savagery of your song,
like the falcon's cry,
forest's *buzz'd whispers*,
like your un-silenced shadows
and from your body, your clay,
grass later flourishes.

Untranslatable like the whirlwinds
that upraise your body,
like the absence called non-being,
the words that make it.

Like indifference, untranslatable,
lack of intercourse,
the experience of sex,
understanding the creative act
and its presence.

Untranslatable like the peculiar labyrinth
of life and death,
like the atoms of the Self
which dilute and reconfigure themselves,

like echoes of diffused identities,
like waves of commingled seas,
like sentiments and sprouts
that elude you,
though you fancy having caught them.
Untranslatable like the sigh's perfume,
like the yowl of a dark throbbing,
the enclosure of an impenetrable voice,
black air.

At the fading of day
the sun approaches me,
on the other side of my window,
with the radiance of a smile
and greets me from the magnolia's
leaves. Untranslatable.

Useless, but irresistible,
is the desire to translate,
even if you, I, we
rebel, escape, and believe
that those things *are not the Me myself*.

34. A Furrow in Future Time

The past and present wilt—I have fill'd them, emptied them.
And proceed to fill my next fold of the future.
Walt Whitman (51)

When laughter received me,
daybreak's arms,
between two lips my
new soul defined itself with life's radiant weeping,
carrying the crescent child that carries its own full mother in its belly.

In the earth's flesh I grew
a red song.
I know affection's water and my story's proper place.

Shocks formed me.
A lightning flash of thirst alone in the night.
A kiss's secret language within the day's labor.

I was, am, will be my clock.
The son of another time.
The father of another time.
I harvested and planted immortal hands in the stars.

With sorrows, doubts, illusions on my shoulders,
I walk the wind's worn book.

Agonies are one of my changes of garments.
But it has nothing to do with fright.
I do not march toward an empty space

nor is my hope a shipwreck
on the horizon where the four
cardinal points sail.

Light showers me.

I celebrate the absence of absence.
I nullify sadness with the call for bodies,
the indispensable bread of love and friends.

Once again naked cycles of grace.

Nothing in my vision is erased.

My course runs below the soundings of plummets.
The furrow's roar does not scare me.
I loved and was a lover; I love and am loved.

I do not evict the future. I deliver it.

35. The Gods and Their Whims

A few large stars overhead, silent and mournful shining.
Walt Whitman (36)

I would prefer to lay the blame on them but cannot.
The child's mouth, the sea lion's
which have swallowed and choked on war, shout
to the earth; heaven looks elsewhere,
does not heed the *swash of falling blood*,
turns a blind eye to the amputations of bodies and souls,
those accumulated remains of spirits and slabs of flesh
beneath the stars' indignant mourning.

If Homer gave us over to the gods' whims,
would it be in vain to ask that they lend their indifferent chests?

Would the cruel sacrifice and the hummingbird's
accusation not distress them?

If we are, if I am, the one who lives with all the dead
and the divine enigma of existence,
will *these* really be *so, these irretrievable*?

36. Pragmatic Monologue

Ranting and frothing in my insane crisis
[. . .] my spirit arouses me
[. . .] Belonging to the winders of the circuit of circuits.
Walt Whitman (43)

To be or not to be?
I have no option
without pulverizing nature.

I prefer being more than a period:
suspension points.

Rather than hang out with a statue,
I divert myself with the void.

Light is not brief.
Our eyes shorten it.

Between birth and death
there is an eternal wonderment.

Between the human and the divine
a passage has been thawed.

Create a rose with words.
But who would water it?

How easy one's arrival
at wonder's orbit
and how difficult the descent.

How does one prevent the shipwreck
beneath the waves of kisses?

The lover's frustration
is time
and closed space.
To reveal the shadow
and what weeps behind the light
implies an interminable art.

The heart risks the throbbing
in hope of the dawn.

The butterfly moves away from silence.
One never flies off, in the end,
left anchored and questioning "why?"

I will let the discordant circle
in which I revolve
respond.

37. Beggar's Parenthesis

Askers embody themselves in me and I am embodied in them.
I project my hat, sit shame-faced, and beg.
Walt Whitman (37)

This is the face of those who suffer
and in a parenthesis of their time
clarity slaps their cheeks,
registers a weary horror in their features
the final judgment of rejection
of abandonment, of the lunatic, of the pariah,
of the ill and the sentenced,
rough skin of the vagrant and the banished,
of jailer and jailed.

Humiliation washes their smiles;
between celebration and desperation
the divine dust of their feet,
of their hands, of their directionless course
seems to reach an end.

Euphoric now I extend this Self of mine, my body,
and with my hat's sympathetic agony
I embody and beg for a rightful empathy,
alms' reverse melody:
for the love of humanity, give me,
let us give, a gift
of rebuilt existence.

There is gold in the furrow of life and of eyes
with recovered energy and desire.

The margins' challenge
does not drown or destroy the rebellious Self
before obstacles that turn into opportunities,
reshaping the lost Self,
sating the dry mouth's hunger,
healing the streets' time,
emerging from reluctance and defeat,
recovering the epic poem's light,
the dignity of our daily bread.

38. Enough!

I troop forth replenish'd with supreme power,
one of an average unending procession.
Walt Whitman (38)

Poetry might never have seen
that categorical word,
but in its charged belligerence
of emotions and in its profound determination,
I admire it: Enough!
Unappealable personal decree:
that's the last of injustice, the grave,
that which enchains us like stone
and impedes our following the edicts
of our dreams, of freedom
of innocent beginnings
rather than become skeletons
of customary dictators,
bound to the same yoke
that denies us a drink
the joy of sand,
life that endures,
the people's dignity.
Enough! Of the severity
that breathes no tenderness
from our native wealth,
from the jungle of our dreams,
from the pure air.

I declare that I belong to myself,
maternal humanity possesses me
as I belong to her
and not to creeds, commands, or disciplines
that shout blessings or curses
with the gift of language and other disguises
of imperious light or of threats.

Misfortunes celebrate me.
Dung, manure,
root, sprout, and seed,
my master is the land.
Hierarchies repudiate me
as I also repudiate them.
Enough! A limitless Enough!

39. Freshness

The freshness of transformation is / The freshness of a world /
It is ourselves, the freshness of ourselves.
Wallace Stevens

I long to be a tree with leaves' kisses
smiling in the forest to the breeze's rhythm
and to offer lodgings to festive birds
that celebrate love in my branched arms;
to give peace, to give shade, to give joy,
to whomever inhales my green,
the green of all my roots, the green of everyone's roots,
beyond asphyxia and the penuries of cement,
routine's irritation, at echoes' border,
limits, consecrations, and other edifying hymns.

Let them paint, then, with their dreams
and Monet's brush,
like Stevens's sisters,
water lilies or other sprouting things
let translucent butterflies
ascend, from the fountain,
to a new exclamation of light
with aromas of clandestine reality.

The present, the word's intimate date.
Poetry now speaks from beyond death;
burial under leaves which we read
is an eternal ritual of appearances,
we awaken to fresh experience
with our eyes, living leaves,

which we touch as we are conversing,
asking them questions,
while we caress them with our hands,
we turn them over, we hold them up
by their body which belongs to us,
reflects us, projects us
with the exuberance of the first time.

All lives have their own scripture,
the freshness of an undying wonder.

40. Savage

The friendly and flowing savage, who is he?
Walt Whitman (39)

There is something in the root of
the word jungle that conjures,
savage; it challenges
the fictitious trappings of the civilized.

Someone revealed that my grandmother
used to be an anarchist.
I yearn for the discredited independence
of barbarity,
of the sort destroyed by conquest,
its rock solid wisdom,
its culture's temples,
its communion with infinite nature,
its clear-sighted breath in the air
where water touches it.

I escape to the primitive frontier
with a liberated body
of the soul's hierarchy
and all its decrees.
I am native to the territory
of animals and forests,
mountains, lakes, universe of progeny,
audacious pioneer of my own center.

What civilized pomposity
does war embody?

That of sepulchers, injustices
and a heap of anonymous cruelties?

I, we, all of us want to be
the friendly and flowing savage
who subdues civilization
with arbitrary behaviors
like those of *snow-flakes,*
words simple as grass,
uncomb'd head,
laughter, and naiveté.

Hostile only against those who exhaust
the generosity of grains,
those who sacrifice the land,
sweet sprinklings of rain,
butterflies, flowers, their brothers and sisters,
those who uproot the tender pages
of nimble books of calendars,
those who sell freedom
with blood on their hands.

We long for the birth of
new forms from the tips of his fingers
and that, lawless, they might love us.

41. Hieroglyph of the Poetic Self

How to express in hollow words
desire's breath?
Is it there in the soft blank space
that ties shards of dawns into verses?

Chipped knot of circuitous signs,
sealed body of revelations,
voice that shines forth from water
inviting another's response,
raising from far away a smile,
semen and me, fecund male and female
in a sharing of wills and power,
intense pulse of days and nights without despair,
gust of disclosed existence,
talking hands redeeming with their fiery touch
and rescuing the dying rich, poor, bewildered
leading a parade of lovers
in return and anticipation.

The plot is a mass of throbbings
with a purposeful code
inspired by the jungle's breaths,
the world and its visions
by which the poet, myself and all, unknowingly,
with valor and procreative urges,
explore, formulate, and multiply ourselves . . .

Like you, Whitman, *I celebrate myself, and I sing myself.*

I heard a child deciphering us.

42. Destroy the Teacher

He most honors my style who learns
under it to destroy the teacher [. . .]
I teach straying from me, yet who can stray from me?
Walt Whitman (47)

Venerable man, great-bearded,
although you enjoin me
with the altruism of hemlock,
I refuse to learn to destroy you,
because in doing so, I destroy myself
in the alcohol of influence;
nor do I want to dishonor the scars
of intrepid fireflies
that still take flight in your song.

Why destroy you
and not build atop
the explanation of your eyes,
add to progress's limits
with the rebellion of filters?

I draw away from you to comprehend you.
I build you in my difference.
It is not your reply, but this Self of mine that in denying you
embodies you, survives you, and boasts of you.

Ezra Pound himself,
in his lucid madness,
after despising you,
made a new pact with you.

None of the verities pertain to us.
They all *itch at our ears*.
The explanations of tears and trilling,
windows that, curious, open themselves to codes,
the air and young people with words' blue fog,
glow of the new mother's pregnancy,
burden in the creases on the old woman's face
attract me and in their illuminated intimacy
I find myself
and recognize you,
Cosmos of Camden,
Long Island, America,
history, present and tomorrow.

Plowing my virgin field you destroy me.
I destroy you, or gratify you,
putting a hostile swamp to flower.

43. Lotus Flower

Life I reckon you are the leavings of many deaths.
Walt Whitman (49)

To Nelson Mandela, December 5, 2013

I watch your white smile
in my path's calm reservoir.
It grows out of the dirt,
out of *the black stems in the muck*,
and I see you sprouting in the sky
through blessed water.

Those are lotus flowers, mother,
children, grandchildren, wives,
and beyond my time and theirs
are you,
am I, is my soul,
its innumerable progress,
notes on the pentagram of a song
in the stream of my life
after so many deaths.

From inception's nimble gates,
grass seeded in fermented swamps
I am born toward the end which is a fearless
beginning since I am covered by the comforting skin
of good people, of my parents, my grandparents,
salvation of their roots and their leaves
that form the ground,
source of my present moment;

photos of their smiles
are also lotus flowers,
in the haven of my home,
my fluid territory,
my dream . . .

And everyone's.

44. Transitory Form

To be in any form, what is that?
Walt Whitman (27)

I sing to my life's whole course,
to its span, to its passage, to it I sing,
fashioned like a link in a chain
among millions of universes:
one in its skeletal form is flower,
bird, fish, that mystery's beast of the field,
the miracle of growing on this globe.

I possess vestiges and longings for wings,
traces of ocean in my veins.
I procreate the world with the impulses
of my yearnings which become
faith and rites, cities, discoveries
of science, art, and other humbug;
legends, laws, expeditions
that in ecstasies and provocations unite
my soul to my body.

Although *immense have been the preparations* for us
I am, we are, we will always be
an elemental and transitory form,
a passing bud, unceasing,
in the bohemian stream
of what exists in transit.

45. Letters from God

I find letters from God dropped in the street,
and every one is sign'd by God's name.
Walt Whitman (48)

I happen upon myself and each thing
in the secret of the innumerable cosmos
like a letter signed by God, who surrounds me,
with his precise name
and impossible ever of being understood,
perched in the trees' spacious leaves,
forest of faces,
streets, gentle ground,
on the smiling tip of waves,
haven of open-hearted beaches.

Happy are those who can read them
with life's emotion
and the nomadic writing of their poem!

Happy are those who live in them
among friars setting out
toward Earth, death's transitory peace
and life's flight!

I am moved by the curiosity of vertigo.

46. Curiosity

Happy are those who satisfy their God-curiosity
celebrating the divinity of faces,
bodies, ferns, orange-hued leaves,
cheerful woods, terraced roofs, coffins of existence,
fresh scent of nosegays,
resurrection of dewdrops,
rigorous audacity of dawn,
democratic fertility of hay!

Wise curiosity of those who do not explain.
Curiosity, without heroes, that admires the signs.
Curiosity of those who cultivate gardens of music and other arts.
Curiosity that is not afraid of death.
Curiosity of love, inexhaustible axis of the universe.

47. Author-ity

I am the teacher of athletes,
He that by me spreads a wider breast than my own proves the width of my own.
Walt Whitman (47)

If you let my words seduce you,
recreate them.
Your response will surpass my innocence,
will expand my voice upon the bed's height.
The rub of my nothing will remain
on the woven cloth of your steps.
You will be man, lover,
timeless woman,
grasping your own flame,
harvesting your own death.

I am alone the author of my eyes,
habits of love and decease.
If my teachings *itch at your ears*,
listen deep enough to conceive them
in the recesses of your own being.

Destroy my voice. Write your sound.
Build upon the ruin of my properties.

I am myself, I was others,
but no longer;
in our we, you are
whom I celebrate
during the final night,
the now's absolute.

48. Happiness

My knowledge my live parts, it keeping
tally with the meaning of all things,
Happiness (which whoever hears me let
him or her set out in search of this day).
[. . .] Writing and talk do not prove me,
I carry the plenum of proof and everything else in my face,
With the hush of my lips I wholly confound the skeptic.
Walt Whitman (25)

How to find, live, and pronounce
the experience that absorbs the great body's
aspiration and the soul's vastness?

How to relish its vigil and the intensity
of its act; river that knows nothing of elegies,
whose quest is assured
and evades us due to our own error
making of *despair our daily bread*?

How to find, outside the shade,
the sense and arrangement of things,
what we are and feel, what inhabits us,
what happens in our blood's every light,
in each moment that from the sky erects a tower of rain,
what transforms us in an apocalypse of joy
and drives us to breathe the rapture's splendor,
descending and ascending to flightless dreams
and the miraculous discoveries of the universal cause
of oneself, of everyone, of every object,
their transformations, games, and infinite evolutions?

I am myriad happiness and its abundance of the hunt,
benefactor and beneficiary of all its gifts,
center, beginning, and end of prophecy and its fruits,
accomplishments, fortune, outcome,
of the enigmatic treasure of today and always,
of which *my live parts keep tally with the meaning of all things*.

49. Walking

Who wishes to walk with me?
Walt Whitman (51)

We are walking in autumn
among the red lips of maples,
the smiles and yellow tears
of trees trembling with joy and sadness;
they sow survival ahead of approaching death,
summer's wheat, bulbs of tulips
that will be born in the spring.

We walk between the twin doors
of summer and winter,
of death and life.

We do not escape contradictions
for as much as we roam our journey's soul,
its passions, ideas, dreams,
spirits of every season
of time and space,
its peaceful instruments of decent folk
encased in a benedictory voice.

Multitude that we are, we walk in freedom
with the energy of risks that give fair warning
(risk is the name of every sigh),
we rise in failures, descend in triumphs
with the renewal of transcendence.

No one dries the deepest tears.
They spread.
If you allow your legs to abandon you,
your mind will abandon you, too.

In our wandering we are born into death.
In our wandering we die into life.
We share the airs of each new
stroll in black and white.

50. Threshold's End and Beginning

Missing me one place search another.
Walt Whitman (52)

Each day I live toward life
today, in the future, and in the past;
and also toward death.

I live immortality.
Death's garments don't fit me.
Love convinces me
that I am immortal all around.

I emerge from all times;
To all I come
with the twig's definition and truth
in the turbid restiveness of river, ocean,
beach's golden skirts.

I have been seeing you off, embracing you, kissing you,
greeting you since the omen's birth,
its terms short and inexact,
the route's contradictions,
within the totality and range
of dreamers in their bedrooms
without walls, conclusions,
orderly lines, or other limitations
of tempers or fears.

I am going to where I came from:
air, shadow, sun, dust.
But look for me in yourself, in everyone,
in the gust of wind adorned with feathers,
in your hair, in the life you breathe
on the humble ground of your sustenance.

Thus I enlarge myself.
I embrace all the imperfections
and the happy splash of accomplishments.
I cease not.
New athletes surpass their predecessors.
I renew myself in your eyes.

51. Testament Reincarnated: the Eternal Now

Whitman, we are your epitaph, I and everyone,
or better yet, you live in us since you told us
that each atom of your body was also ours,
just as we, like you, are the summer's and all the seasons' grass.

We rebel against all precepts,
we no longer listen to *creeds or schools*,
but rather the sacred mist *of your own breath*
that vacillates between *shine and . . . shade*
sketches the pentagram *of the warm noon*.
We celebrate with you *the procreant urge of the world*,
that *uniform hieroglyphic* that reveals us
above *the beautiful uncut hair of graves*.

If only we could fulfill your promise with the *curling grass*, to
use it tenderly.
Like you, we do not form *an earth nor an adjunct of an earth*,
but we wish to embody you as *comrade of all who shake hands*
and welcome to drink and meat, just as immortal and fathom-
less as your *Me myself*,
and as one of the *twenty-eight young men*, or that number's
myths,
who *bathe by the shore* and *do not think whom they souse with*
spray.

The press of our own *feet to the earth springs* in each one of us *a*
hundred affections.

From the infinite catalogue of people, tasks, races, joys,
challenges, and evils,

we proclaim, like you,
to be *of these one and all*, drawing up *the song of* Us *ourselves*,
untroubled by the necessity of choosing or offending democracy.

We are *of old and young, of the foolish as much as the wise*;
one and many *of the Nation of many nations, the smallest the same and the largest the same.*

We are nothing *if not the riddle and the untying of the riddle.*
We breathe *this the common air that bathes the globe.*
We encompass the distinction of your *beating and pounding for the dead*
enjoying the hue and cry of: *Vivas to those who have fail'd!*

This the far-off depth and height reflecting your *own face*,
subscribes the country of all lights.

Yes: *the early redstart twittering through the woods does astonish*;
a constellation sings in the infancy of powers.
You confess to us of having laughed *at what* we *call dissolution.*
We follow suit.
Transmute dirt into gold, increase the illusion of birth.
We now share in your knowledge of *the amplitude of time*,
the interminable wealth of existence's clock.

You include us when you assert: *I am the poet of the Body and I am the poet of the Soul.*
"Would anyone care to see my soul?"
I touch your soul, answer your question saying:
I contemplate it in your words.

We all yearn for contact, a massage for the soul, a massage for the body.
Your *showing that size is only development* provokes us
with the audacity of an open fire approaching the summit of the infinite.

From the beach you see the *crooked fingers*
of water that runs through our eternity.

Your words graze off every inch of us,
they transport heavenward, having first been in hell.
I am not the poet of goodness only, I do not decline to be the poet of wickedness also.

For Wallace Stevens imperfection is paradise.
According to Roberto Juarroz this is the form that perfection assumes in order to be loved.
Truth lies in the terrain of contradiction and its blandishments.

As the senses commune, being *the twin speech of your vision*,
you commune with vitalizing nature
thankful that *a leaf of grass is no less than the journey work of the stars*.
You arrive at the fundamental element of our ageless quintessence when you discover
that you could turn and live with animals, they are so placid and self-contain'd;
and you project your longings onto their experiences with neither guilt nor condemnation
by informing us that *they do not sweat and whine about their condition,*
do not lie awake in the dark and weep for their sins.

You confided in us the insinuation of *being a free companion*
embodying with your fully humane amplitude
all presences outlaw'd or suffering.
With your verses you make love to each one of their bodies.
And in acknowledgment of your question:
The friendly and flowing savage, who is he?
we answer you saying that we all want to be him,
but today the cameras keeping watch over concentration
camps give origin to the whole world's complaint.

For that reason history becomes mystery
when you establish the fluctuations of barbarity.
Is he waiting for civilization, or has he passed it and mastered it?
In the hollow of disheartening listlessness, we take refuge like
you
here and now to the ambush'd womb of the shadows.

With *a call in the midst of the crowd* you have dissolved
in our own call which multiplies you in immortality
and challenges us with the questionings de rigueur among
schismatics:
And what is reason? And what is love? And what is life?

With you we accept the calming nourishment
of a *faith* that *is the greatest of faiths and the least of faiths*.

Your free hands' adventure sometimes gathers tears
that drench you with their restless wave and the question:
What have I to do with complaints?

In you we inhabit the flesh of your embrace
an acme of things accomplish'd . . . encloser of things to be.
Vagabonds with you, vagabond *of a perpetual journey*
we accompany you; you have invited us with the abundance of
your words.

I am the teacher of athletes,
you write, generous, while leaving us the rosary of what you are
and you entreat us to destroy you, surpassing you
since, according to your own verse:
*He most honors my style who learns under it to destroy the
teacher*.
Being you and your opposite, we are drawn to live building you.

You inspire us to sing holy, holy, holy to the body,
because you have *said that the soul is not more than the body.*
You inspire us to touch the redemption and nakedness of the soul,
because you have *said that the body is not more than the soul.*

You have taught us that with our lives we secure a loan;
we pay a daily return and contribution,
in the back-and-forth between beginning and end, with the corpse
that *you think is good manure, but that does not offend you.*

In the convergences of revolutions you push us to believe
that *Life is the leavings of many deaths.*
Your love exemplifies survival.

We lean toward the memory that under silence tends a bird
and that if indeed *the past and present wilt—you have fill'd them, emptied them,*
but the emptiness does not dry the seeds;
it is just the waiting for return that germinates in repetitions of time.

With the love for which I plead, we proceed like you
to fill the next fold of the future.
And in you, today, we are *large, containing multitudes.*

Each one of us insists with your line: *I too am untranslatable.*
We constitute a center of untouchable ciphers.

The codes cannot be broken nor the signs, the simulacra, betrayed;
but copulation transcends us.

We venerate you listening to the flowering of your testament:
I bequeath myself to the dirt to grow from the grass I love,
If you want me again look for me under your boot-soles.
There we find constantly your living epitaph,
your life sustaining ours.

Thank you, Cosmos of the eternal now.

52. Past and Present

The past and present wilt—I have fill'd them, emptied them.
Now I proceed to fill my future's next fold.

You, who listen to me up there! what do you have to confide in me?
Look in my face while I inhale the afternoon's aroma.
(Speak to me honestly, no one can hear us, we only have a minute left.)

Do I contradict myself?
Very well, I contradict myself.
I am large, I contain multitudes.

I direct myself to them that are near and wait at the doorstep.

Who has done his day's work? Who will soonest be done with supper?
Who would like to walk with me?

Will you speak before I leave? Will it be too late when you do?

WALT WHITMAN
Song of Myself (51)
[Adapted from the translations of Jorge Luis Borges, A. A. Vasseur, Matt Cohen, Concha Zardoya, and Luis Alberto Ambroggio, checked against the original]

The spotted hawk swoops down and charges me with long-windedness and vagrancy.
I too am untamed and untranslatable,
I unleash my barbaric yowls over the world's roofs.
The day's last rays of sun hold back for me,
they fling my own likeness, after other images as true, onto the silent shadow'd wilds
and sink me into the mist and the dusk.

I flee like the wind.
I shake my white locks at the runaway sun,
I pour my flesh into streams of water
and set it adrift on the foam of waves.

I offer myself to the dirt to grow amidst the grass I love,
If you need me still, look for me under your boot-soles.

You will hardly know who I am
or what I mean.
I am your body's health
that filters and revives your blood.

Failing to find me at first,
don't be discouraged;
if I am not in that place,
look for me in another.
I'll be awaiting you
somewhere.

WALT WHITMAN
Song of Myself (52)
[From León Felipe's translation, checked against the original]

Corollary

Walt Whitman, a cosmos, of Manhattan the son;
reading you with the valor of an enriched heart
I comprehend the difference between the "Self" and the "ego."
While, like leaves of grass, I reject the ego,
I adopt, with the humility of dirt, the "Self" of your poem
which I admire and to which I belong
with my particle's anonymous root
and everyone else's.

Your name is everyone.
My name is everyone.
We testify of you.

You have incorporated us without pretensions.
We breathe your energy.
In truth you are *good health to our body*
our blood filter'd and fibre'd;
tenacious prophecy that gladdens us.

Beyond your world-shaping words,
the flowers with which nature writes her verses
and the fragile sprout of these harvested pages;
beyond your song that celebrates the universe;
beyond the spuming and frothing of birth and death;
beyond the homage to contrasts and their remnants,
I declare myself, convinced, at one with this life of ours in my veins,
from the womb of this book of jubilant leaves.

We are all Whitman!

We have found each other!

About the Author

An internationally known Hispanic-American writer and poet born in Argentina, Luis Alberto Ambroggio has resided in the Washington, DC area since 1967. He is the author of twenty collections of poetry, essays and short stories published in Mexico, Argentina, Costa Rica, Spain and the United States, and holds the honor of having been appointed a member of the North American Academy of the Spanish Language, the Royal Spanish Academy and of PEN. His work, translated into several languages, has been included in the Archives of Hispanic Literature of the Library of Congress. Among his numerous books are *Poemas de amor y vida* (*Poems about Love and Life*, 1987); *Hombre del aire* (*Man of the Air*, 1992); *Oda ensimismada* (*Pensive Ode*, 1994); *Poemas desterrados* (*Banished Poems*, 1995); *Por si amanece: Cantos de Guerra* (*In Case it Dawns: Songs of War*, 1997) and *Los habitantes del poeta* (*The Poet's Inhabitants*, 1997). In 2004, he won the Spanish TV Award for his poems on solitude. Among Ambroggio's most recent books are *El testigo se desnuda* (*The Witness Undresses*; Puerta de Alcalá, Madrid, 2002) which received great praise in Europe and the United States (Diario de las Americas) as well as in Latin America; *Laberintos de Humo* (*Laberinths of Smoke*; Tierra Firme, Buenos Aires, 2005); *Los tres esposos de la noche (The Night's Three Husbands,* 2005); *La desnudez del asombro* (*The Nudity of Wonder,* 2009); *Homenaje al Camino* (*Tribute to the Road:* 2012, with a prologue by Robert Pinsky); *Todos somos Whitman (We are all Whitman*: 2014); *El arte de escribir poemas* (*The Art of Writing Poetry*, 2009); and *Cuentos de viaje para siete cuerdas y otras metafísicas (travel stories, 2013).* Also in 2009, Cross Cultural Communications published *Difficult Beauty: Selected Poems 1987-2006*, a bilingual edition with an introduction by

Pulitzer Prize winner Oscar Hijuelos, edited by Yvette Neisser Moreno (nominated for the National Translation Award and for a Pushcart Prize) and *The Wind's Archeology*, Vaso Roto Ed., translated by Naomi Ayala (winner of the 2013 International Latino Best Book Award in its bilingual version). Ambroggio has also edited several anthologies: *—Al pie de la Casa Blanca: Poetas hispanos de Washington, DC* (*At The Foot of the White House: Hispanic Poets in Wahsington, DC*, 2010), *De Azul a Rojo: Voces de poetas nicaragüenses del siglo xxi* (*From Blue to Red: Voices of Nicaraguan Poets from the 21st Century*, 2011) and *Labios de arena* (Nicaragua, 2014). Finally, it is important to note Mayra Zeleny's critical look at the author's body of work in her book *El cuerpo y la letra: Poética de Luis Alberto Ambroggio* (*Body and Word,* 2008), published by the Academia Norteamericana de la Lengua Española (North American Academy of the Spanish Language) and by Rosa Tezanos-Pinto, *El exilio y la Palabra. Trashumancia de un escritor argentino-estadounidense (The exile and the word)* published by Vinciguerra and the Latino Studies Center of Indiana University (2012) as well as the critical edition of Ambroggio's *Obra Poética 1974-2014, En el Jardín de los vientos (Poetics 1974-2014, In the garden of the winds)* edited by Carlos Paldao y Rosa Tezanos-Pinto (selected as one of the 10 best books in Argentina by Infobae). He has translated poems by Shakespeare, Dylan Thomas, D.H. Lawrence, William Carlos Williams, among others and has published the bilingual edition (English/Spanish) of Robert Pinsky's selected poems, *Ginza Samba* (2014): http://en.wikipedia.org/wiki/Luis_Alberto_Ambroggio

About the Translator

Brett Alan Sanders is a literary translator, writer, and retired teacher living in Tell City, Perry County, Indiana. Between 1991 and 2013 he taught Spanish and English at Perry Central Junior-Senior High School where, starting in the 2004-05 school year, he also sponsored an extracurricular literary club and helped launch the student literary-arts journal *The Jolie Rouge*. He earned a BA in Spanish (with an English minor) at Indiana University and an MALS (Master of Arts in Liberal Studies) at the University of Southern Indiana, where he is also co-winner of the 2005 Louis Schewe Essay Award. He placed second in *Sunstone*'s 2006 Eugene England Memorial Personal Essay Contest and is a member of the American Literary Translators Association (ALTA). His translations from the Spanish have appeared in a variety of journals including *Chelsea*, *The Saint Ann's Review*, *Artful Dodge*, *The Antigonish Review*, *Stand*, *Event*, *Contemporary Verse 2*, *Hunger Mountain*, *Mudlark: An Electronic Journal of Poetry & Poetics*, *Rosebud* and *The Cincinnati Review*; in a bilingual edition by Host Publications of Argentine writer María Rosa Lojo's collection of prose poetry *Esperan la mañana verde (Awaiting the Green Morning*, 2008); as well as in Aliform Publishing's first English-language edition of Lojo's award-winning novel *La pasión de los nómades* (*Passionate Nomads*, 2011). His essay "On the Creative Art of Literary Translation" appears in the Fall 2010 edition of *Confluence*. Sanders has also been a contributing writer at *Tertulia Magazine*, where for "Tertullian's Blog" he wrote the occasional column "Arte Retórica," as well as at *New Works Review* (where subsequently he put in a brief stint as managing editor) and at *The Quill & Ink*. He has also placed original work in other online sources including *River Walk Journal*, *Passport Journal* and *Potomac: A Journal of*

Poetry and Politics and in such print venues as *Dialogue: A Journal of Mormon Thought*, *Spectacle*, *The Journal of Graduate Liberal Studies* (now *Confluence*), *Insights*, a publication of the John Dewey Society and most recently Fabula Press's anthology *Aestes 2014*. His Young Adult novella *A Bride Called Freedom / Una novia llamada Libertad* was published in 2003 in a bilingual edition by Ediciones Nuevo Espacio; in 2005, at the literary/historical conference "In the Times of Eduarda and Lucio V. Mansilla" sponsored by the Junta Provincial de Historia de Córdoba (Argentina), he presented a reading—subsequently published by that organization—from the Spanish-language translation by Sebastián Bekes. He blogs at (and may be contacted through) his website: www.brettalansanders.wordpress.com.

LUIS ALBERTO AMBROGGIO is the author of seventeen poetry collections published in Spain, Argentina and the United States. His work has appeared in numerous anthologies, including *Red Hot Salsa* (Henry Holt and Co., 2005) and *Cool Salsa* (Henry Holt and Co., 1994). He lives in the Washington, DC area.

BRETT ALAN SANDERS is the translator of *Passionate Nomads* (Aliform Publishing, 2010) and *Awaiting the Green Morning* (Host Publications, 2008), both by María Rosa Lojo. The author of a novella, *A Bride Called Freedom* (Ediciones Nuevo Espacio, 2003), his short prose has appeared in numerous journals, including *New Works Review* and *The King's English*. He lives and works in Tell City, Indiana.

LUIS ALBERTO AMBROGGIO es autor de diecisiete colecciones de poesía publicados en España, Argentina y Estados Unidos. Su obra se ha publicado en un gran número de antologías, entre ellas *Red Hot Salsa* (Henry Holt and Co., 2005) y *Cool Salsa* (Henry Holt and Co., 1994). Vive en el área de Washington, DC.

BRETT ALAN SANDERS es traductor de *Passionate Nomads* (Aliforn Publishing, 2010) y *Awaiting the Green Morning* (Host Publications, 2008) de María Rosa Lojo. Es autor de la novella, *A Bride Called Freedom* (Ediciones Nuevo Espacio, 2003), su prosa ha sido publicada en varias revistas, entre ellas *New Works Review* y *The King's English*. Brett vive y trabaja en Tell City, Indiana.